Carne gobernada

Fernando Savater

Carne gobernada

De política, amor y deseo

Ariel

Primera edición: enero de 2024

Avda. Diagonal, 662-664, 08034 Barcelona
Editorial Ariel es un sello editorial de Planeta, S. A.
www.ariel.es
www.planetadelibros.com

ISBN: 978-84-344-3729-6
Depósito legal: B. 21.832-2023

Impreso en España

A ellas

Índice

La carne gobernada es un plato tradicional de la cocina asturiana. Se trata de un plato de carne de vaca que se elabora muy lentamente. Hoy en día es poco frecuente encontrar este plato, en su lugar se tiene en los restaurantes un simple plato de 'carne guisada', ya que suele emplear menos tiempo su elaboración. (Wikipedia)

Escueto, duro, triste corazón,
ebrio del acre vino de la edad,
envuelto en negras llamas de pasión:
has de volver a la infantilidad,
roto, cansado, viejo corazón.

PORFIRIO BARBA JACOB

Para empezar...

Quien no muere joven merece morir.

E. M. Cioran

El título de este pequeño libro me acompaña desde hace muchos años. Por entonces yo tenía una amante (decir «novia» me parece una cursilada inexacta, porque no pensaba casarme con ella, y llamarla «pareja» me recuerda al tute o a la Guardia Civil), digamos L, con quien solía cenar frecuentemente por el viejo Madrid. Uno de nuestros sitios preferidos era un pequeño y muy modesto restaurante asturiano, El Garabatu, emplazado en la calle Echegaray. Hacían un pote asturiano que me gustaba mucho y otro plato delicioso y contundente que yo apreciaba también sobre todo por su nombre: «carne gobernada». Con frecuencia, le comentaba a L que era un buen título para un libro de política, con el toque ácrata que tanto me gustaba —pobre de mí— por aquella época. Sinceramente, no sé cómo alguien puede recordar su juventud sin sentir vergüenza, aunque haya sido tan disparatadamente feliz a ratos como la mía. A la vista está que no utilicé ese título para ningún libro —hasta ahora— y además El Garabatu ya ha desaparecido y L corre por el mundo ancho y ajeno, guardando según me cuentan bastante mal recuerdo de mí, lo cual me parece comprensible.

Pasan más de treinta años, como en un abrir y cerrar de ojos (*El tiempo de un suspiro* fue el bello título que Anne Philipe dio a la biografía de su amor por Gérard) y ahora estamos muy lejos de la malfamada calle Echegaray, en la terracita de un apartamento turístico en Hendaya. Es de noche, llueve mansamente, sopla un fresco airecillo veraniego y estoy bebiendo whisky, *as usual*, en compañía de K. De K tendré gozosa ocasión de hablar en páginas venideras: esa noche en Hendaya es parte de nuestra primera escapada juntos fuera de España y se parece bastante a una luna de miel para cachondos maduritos (*muy* maduritos, en mi caso). Estoy deseando que pasemos al inmediato dormitorio para dedicarnos a asuntos realmente serios, pero con un whisky recién estrenado en la mano después de haber apurado varios y con una audiencia hermosa y deseable prestándome más atención de la que merezco, cómo no querer seguir parloteando todo lo que aún se pueda. Como K ha escrito una novela de amoríos amablemente indecente por la que empezamos hace unos meses a conocernos, yo para darme importancia y titilarme un poco la imaginación propongo que escriba otra sobre nuestro encontronazo erótico. Mejor, podemos escribirla juntos, con mucha salsa picante. Para empezar ese concierto a cuatro manos propongo un título, el primero que me viene a la cabeza porque nunca se ha ido del todo de ella: sí, claro que sí, *Carne gobernada.* K entra en el juego, propone ideas atrevidas, se sobresalta un poco al oír las mías. El peloteo va subiendo de temperatura según pasan los whiskies y se vacían los gin-tonics, el argumento se hace cada vez más retorcido e improbable hasta que se hace impostergable irnos ya a la cama. El resto no es en absoluto silencio, sino bastantes escandalosos gemidos...

A partir de esa noche volvimos a hablar intermitentemente de ese libro a lo largo del primer año de nuestros amores, aportando y olvidando temas aunque siempre con fondo erótico. K se va apartando del trabajo, aunque me sigue dando instrucciones sobre cómo enfocar el asunto. Y yo me puse a escribir, pero cambiando constantemente de idea sobre lo que debía contar. La política se fue poco a poco abriendo paso, como siempre logra hacer la muy rastrera, y la carne gobernada fue pasando de la cama a la tribuna parlamentaria, acercándose a la idea remota que concebí en El Garabatu. Finalmente dejé de preocuparme sobre lo que quería escribir, dimensión desconocida, y me entregué a lo que iba saliendo, que me sorprendía a mí mismo. Este es el libro menos planeado de todos los que he cometido. Edward Said escribió páginas estupendas sobre «el estilo tardío», una de cuyas características es soportar mal los organigramas, presentarse con cierto desgarbo argumental y oponerse no solo a los gustos de la época sino a la propia obra anterior del autor. Pues bien, este libro, no contento con responder a mi estilo tardío, llega además fuera de plazo. Quizá debiera considerarlo un *péché de vieillesse* aunque no sea tan delicioso e inspirado como los que compuso Rossini. Cuando era más puntilloso (y presumido) por culpa de la juventud, me habría sonrojado el desaliño de estas páginas, pero ahora hasta gracia me hace. Sentado ante la pantalla del ordenador (lo primero que escribí en ordenador, aunque en otro, claro, fue *Ética para Amador*), mi disposición ya no es «¡obedéceme!», sino «sorpréndeme...». Eso de la inteligencia artificial, que tanto preocupa a quienes deberían estar mucho más inquietos por la estupidez natural, debe de ser algo así y a los viejos nos puede venir bien.

Desde que empecé a esbozar con cierta decisión y continuidad este libro (aunque con largas interrupciones), o sea, a mediados de 2021, he perdido tres amigos a los que quería mucho y admiraba aún más. El primero fue Mikel Azurmendi, un místico muy próximo y divertido, con quien compartí las peripecias del asedio al País Vasco por parte de los orcos separatistas, que aún continúa. Mikel era una de las mejores personas que he conocido, y también valiente y de un atractivo sencillo y eficaz, que embobaba a las chicas de toda condición. Quien no lo haya conocido personalmente puede tener un cierto atisbo de su personalidad en el excelente documental *Traidores*, de Jon Viar. Mikel vivía en el monte Igueldo, que es como tener la casa en mi infancia: en el verano nos preparaba unas paellas estupendas a sus amigos y las comíamos en el jardín. Aquel agosto, cuando me llamó otro Mikel —Iriondo— y preguntó: «¿Sabes lo de Mikel?», creí que se trataba de la cita para la próxima paella. Pero no, ya no habrá más.

Un año después murió Javier Marías. Era septiembre y yo estaba en el hipódromo de Longchamp, asistiendo a las carreras preparatorias para el mitin del Arco del Triunfo. Entre una y otra, sentado en la tribuna, consulté mi móvil y leí un titular asombroso: «Muere el escritor Javier Marías a los setenta años». Primero no lo entendí, y mira que era fácil de entender. ¿Se trataba de un juego, una ironía, una metáfora? Porque cómo iba a morirse realmente el joven Marías... antes que los demás. Luego recordé que alguien me había dicho que estaba fastidiado, pero, claro, con lo de la covid y todo eso estar fastidiado era de lo más corriente. Con retruécano de viejo pensé: «¡Ya quisiera estar yo como él!». Pues no, él estaba peor. Javier fue el mejor escritor que he conocido en mi vida, el único fuera de serie... y mira que he tenido la suerte de tratar a lo mejorcito del gremio. Además, lo frecuenté desde su primer libro hasta el último. Precisamente cuando me envió su última novela, *Tomás Nevinson*, me telefoneó por última vez, para preguntarme en tono guasón si sabía de quién era la foto de la portada. «Venga, tienes que saberlo, es de nuestra época». Yo no caía y me lo tuvo que revelar él: era Gérard Philipe, por quien el tiempo pasó como un suspiro. Fuimos tan amigos y durante tanto tiempo que ahora no recuerdo si alguna vez le dije en serio cuánto lo admiraba como escritor. Son cosas que uno nunca dice a un amigo de verdad, porque introduce una rigidez académica en la familiaridad: y es más importante el afecto que la crítica literaria. Que la increíble —aún no la he digerido del todo— noticia de su fallecimiento me llegase en un hipódromo tiene su gracia porque cada vez que Javier sacaba uno en un relato nunca dejaba de decir: «Por allí andaba un filósofo muy aficionado a los caballos...». Era una especie de contraseña entre los dos, un chiste privado. ¿Ahora ya podré admirarte inmensamente como si no nos conociésemos desde muchachos, mi querido Javier?

Por último, pocos meses después, murió Raúl Guerra Garrido. Qué buen compañero, qué puntual ciudadano, qué noble intelectual, qué entrañable amigo. Perder la compañía de alguien así es un entrenamiento para comprender la seriedad de la vida, su milagro, su horror. A pesar de que sus novelas fueron muy estimables literariamente, pero sobre todo oportunas y reveladoras del drama del País Vasco, no alcanzó a mi juicio el reconocimiento público que merecía. Sin duda hubo escritores mejores —aunque no demasiados— pero ninguno más necesario. *La carta* es una novela que rompió por primera vez el cerco de hielo hipócrita que aislaba el PNV de su contaminación evidente con el terrorismo. Por eso estoy orgulloso de haber conseguido para él nada menos que el Premio Nacional de las Letras cuando fui jurado de ese galardón, pese a que al comenzar nuestras reuniones nadie había oído su nombre y tuve que luchar hasta el final con la negativa del antipático y presuntuoso Caballero Bonald. Quien quiera conocer mejor su trayectoria vital y literaria puede leer la excelente biografía *Un hombre en tensión* que le ha dedicado Javier Mina. Añado un detalle para que se vea el trato que reciben los no nacionalistas en Euskadi: Raúl formó parte durante muchas décadas del premio literario Ciudad de Irún, patrocinado por la Kutxa. Este año, el de su fallecimiento, algunos sugerimos que la entidad patrocinadora le dedicara algún pequeño homenaje, pero nada: no era del régimen. No sé si la palabra *gentuza* viene del euskera, pero bien podría ser...

Desde luego, estas ausencias definitivas minaron mi ánimo y a veces me predispusieron al abandono de un proyecto tan etéreo como el de este libro. A fin de cuentas, ¿y *to pa* qué? Pero después me brindaron refuerzo cuando me calentaba al sol de aquel dictamen del *Zaratustra* nietzscheano: «Muchas pequeñas muertes debe haber en vuestra vida, creadores; así sois defensores de todo lo perecedero». Las muertes que he mencionado y otras de índole más privada ocurridas en el mismo período no fueron ni mucho menos «pequeñas»: imagino que pasamos la vida bajo el follaje tupido de un gran árbol protector que con el tiempo va perdiendo más y más hojas de su ramaje frondoso hasta que en la vejez nos hallamos expuestos al agravio del sol. Ese sol de la muerte que es como el ojo llameante de Sauron y que nos busca para fulminarnos con la combustión definitiva cuando hayamos perdido del todo la protección de ese techo de fresca sombra que nos brindaban las vidas acogedoras de familiares y amigos. Al final, ya nada nos defiende: echamos de menos a nuestros seres más queridos y admirados porque eran nuestros protectores, lo que se interponía entre nosotros y la muerte. Pero tiene razón Nietzsche, son las pérdidas grandes o pequeñas las que nos impulsan a defender lo contingente, lo que marca el tono universal del perecer. ¡Ah, cómo detesto lo imperecedero! Todo lo eterno se burla de nosotros, nos desprecia. Estas páginas están escritas en elogio del tiempo medido en suspiros, no en invulnerables eones. El único y verdadero nombre de Dios es adiós.

Aunque a tantos les parezca vanagloria sentimentaloide o cursi, yo conozco el amor que todo lo devora (y sí, ríete del deseo), así como la imposibilidad valerosa de olvidar. El estribillo que más detesto es ese de que el tiempo todo lo cura. No, mi experiencia y la de cualquiera que no sea una pieza de ferretería con carné de identidad es que el tiempo todo lo pudre, todo lo marchita, todo lo arrebata, todo lo reduce a polvo y finalmente a nada. Por eso yo siempre estaré del lado de lo que el viento se llevó. Como bien dice la gran Rosalía de Castro:

Triste loco de atar el que ama menos
le llama al que ama más;
y terco impenitente, al que no olvida
el que puede olvidar.

Seguramente me ganaré otra vez con este libro (la primera fue con *La peor parte*) la corona de espinas de triste loco de atar y de obstinado en el recuerdo imborrable. Lo acepto como título de honor, aunque se me atribuya como reproche: *ecce homo*. Hay temas de los que no se debe hablar más que con una sinceridad que nos perjudique, sin cubrirse las espaldas. No por tonto exhibicionismo provocativo, sino para justificar el pecado de autorreferencia. Por lo demás, no tengo ningún derecho a suponer que mis intimidades deban ser de interés obligatorio para cualquier lector, más bien empiezo por descartarlo. Escribo solo para amigos curiosos y enemigos biliosos, los únicos que eventualmente pueden interesarse por estos ejercicios de estriptis espiritual. Pido disculpas a los lectores de paso que caigan sobre ellos sin saber dónde se meten...

Después de fracasar la huida de la familia real a Varenne, María Antonieta escribió a su amigo el conde de Fersen una carta que comenzaba así: «Todavía existo». Probablemente es lo mismo que trato de decir con estas páginas.

Madrid, 14 de octubre de 2023

Capítulo 1

Considera la agonía de las rosas.

MALCOLM LOWRY, *Bajo el volcán*

Miro mi mano y me parece ver la de mi padre. El familiar archipiélago de manchas, oscuras y rojizas, la acumulación de arruguitas paralelas como un papel doblado y estrujado mil veces que ya nunca puede alisarse del todo, la deformación de la mano izquierda que no puede abrirse y cerrarse por completo y se ha quedado atascada a medio camino, empeorando poco a poco. La tara se llama «contractura de Dupuytren», son cosas que se aprenden a la fuerza, porque cae uno en ellas. Es la denuncia de la vejez, inocultable. Nada de edad madura, de sereno arribo a la época de la experiencia y la sabiduría: vejez sin rodeos ni camuflajes, sin remedio, sin reparación posible, sin vuelta atrás. ¿Tercera edad? Sí, pero no hay cuarta, eso es lo malo. Un balcón que cruje y se estremece peligrosamente al menor movimiento, con vistas a un abismo tan insondable como irremediable. A ver, a ver... Pues sí, tengo setenta y cinco años. ¿No suena ridículo? Con lo joven que yo he sido siempre... y mira dónde he ido a parar. Si al menos fuera una estancia segura, un punto de llegada no muy cómodo pero con ciertas garantías de perdurabilidad... Sin embargo, nada de nada. Imposible recostarse de manera confortable, hacer pie en lo que noto claramente que son arenas movedizas. La hermosa juventud dicen que es efímera, pero la fea vejez no digamos: además de incómoda y humillante, fugaz. Nadie puede *quedarse* en ella, se va más deprisa que la infancia. La verdad es que los muchos años convierten la vida en un deporte de riesgo. Hoy yo, a mi jurásica edad, corro más peligro de muerte bajando cautelosamente a comprar el periódico en el quiosco frente a mi casa (sí, aún venden periódicos, entre muñequitos, billetes de lotería, cargadores de móvil y otros mil cachivaches) que un joven de veinte años haciendo parapente. Es indecente y de nada sirve encogerse de hombros de forma hipócrita como si no tuviese importancia. Acabo de leer hoy en el siempre inteligente «Verbolario» de Rodrigo Cortés este apunte del que me considero destinatario: «La vejez es la manera que la mayoría elige para suicidarse».

En realidad, supongo que, como a muchos, la vejez me ha cogido por sorpresa. Nunca creí que llegaría a durar tanto: si hubiera sabido que iba a llegar a viejo, me habría cuidado un poco más, je, je. Solo un pesimista como Schopenhauer (que precisamente murió a la edad que tengo yo ahora) puede pasar sus últimos años confortablemente convencido de que llegará a cumplir los cien. ¡Eso sí que es voluntad positiva, que obliga a la representación jocosa! Ser el archimandrita de los pesimistas y poner su esperanza en llegar a centenario, como si fuera un gran triunfo vital. Lo que es a mí, a partir de los sesenta todo me ha parecido una propina exageradamente generosa, un *encore* que se estira y se estira con nuevas piezas del repertorio cada vez más flojas, mientras el decreciente público aplaude menos y consulta su reloj con mayor frecuencia. En realidad, desde que murió Sara, mi Pelo Cohete sin pecado concebida (¡hace ya ocho increíbles años!), di por cancelado mi apetito de vivir. Ya he contado mi historia de amor con Sara en un libro anterior (*La peor parte*) y no me parece aconsejable, ni siquiera decente, volver a esbozarla aquí. Pero ¿de qué más voy a hablar, si es lo más importante que me ha pasado? Baste decir que lo que me ayudó en pleno desgarramiento a sobrellevar las últimas atroces semanas de su agonía fue la íntima convicción de que yo apenas la sobreviviría. Tenía obligación amorosa de estar a su lado hasta el final (ella repetía mi nombre entre convulsiones, para insultarme o llamarme con postrera angustia), pero después de su último suspiro, ni un minuto más.

Pasó el trance atroz, más devastador que todo lo que había podido imaginar. Después, durante los primeros días, sentí esa mezcla de anonadamiento y cierto alivio: ya no sufre, ya no me llama, ya no tengo que pensar qué más hacer, qué viene ahora... Supongo que es la sensación del jugador o el deportista cuando han perdido la partida definitiva por la que tanto se esforzaron, del general derrotado en su última batalla: por fin todo acabó, no más esperanza ni por tanto vigilia para preparar otra estrategia, llegó lo irreparable y ya no tengo responsabilidades ni incertidumbre. Solo queda el estupor, el bendito estupor del fracaso total que nos dispensa de intentarlo de nuevo. En cierta forma, me decía, yo soy el que realmente ha muerto, porque Pelo Cohete no es ya *consciente* de su muerte como yo lo soy de la mía. Qué raro es imaginar que ella no sabe que se ha muerto... Ella, que se daba cuenta de todo mucho antes que yo. Por tanto, era inútil seguir compadeciéndola, pero aún podía autocompadecerme, con lo que eso me gusta... Diré en mi descargo que aún entonces, en aquellos atroces primeros días (tampoco ha habido muchos buenos después), me avergonzaba de sentir este embotamiento en el que la anestesia emocional me parecía una sufrida antesala de la indulgencia plenaria. Cuando pasó este primer traumatismo, empecé a estudiarme, primero con cierta curiosidad y luego con impaciencia: a ver, ¿cuándo iba a morirme?, ¿dónde estaban los síntomas de mi próximo fallecimiento? Tenía que reconocer que mi salud no se resentía por mi tristeza, por la experiencia lacerante de la ausencia de mi amada, por los continuos accesos de llanto que me asaltaban de improviso al cruzar una calle o charlar con un amigo. Por el contrario, yo parecía *nutrirme* de esas experiencias negativas: aunque fuese de un modo aciago, daban cierto sentido a mi vida. Lejos de ir socavando mis defensas, eran mi principal defensa vital. Me encontré parapetado tras mi tristeza. Tal es la potencia del verdadero amor: cuando vivía y estaba junto a mí, ella me inyectaba fuerza y tutelaba mis afanes; ahora, desaparecida en la bruma de los pasos perdidos y las voces ya inaudibles, convertida en doloroso recuerdo, seguía sosteniendo mi existencia como una divinidad tan amable con su último feligrés que ni muerta lo abandonaba. Borges escribió que quien se enamora funda una religión cuyo dios es falible: pero lo verdaderamente grave es que se trata de un dios mortal, que un día sin más ni más puede imponernos su ausencia como antes nos doblegó con su presencia. Una divinidad que ejerce su dominio tanto si está como si no está, siempre para darle *intensidad* a nuestra vida... Con la diferencia de que la presencia es temporal, está siempre amenazada por el desvanecimiento, mientras que la ausencia ya es indestructible, invulnerable. Pelo

Cohete nunca dejará de haber *desaparecido* de mi vida: la angustia de su ausencia me obliga a tenerla presente para siempre..., o sea, hasta que me ausente yo.

Una de las formas contemporáneas de la imbecilidad que más me ofenden (debo hablar de bastantes en las páginas sucesivas, que ahora solo están en mi aún remota *mala* intención) es la condena pseudofeminista del amor romántico. ¡El amor romántico es una trampa heteropatriarcal, como todo lo malo que nos acaece! Lo propagan bobas incurables, mecánicas del garaje de reparación de corazones, que consideran la forma más noble y alta del erotismo como la peor de las averías. Cuando la verdad es que solo quien ha amado o ha sido amado románticamente puede comprender la versión no institucional de la liberación femenina... ¡tanto para mujeres como para hombres, naturalmente! Yo admito que no he conocido muchos sentimientos hermosos y quizá humanamente indispensables, que he padecido atrofia espiritual (ese mar de hielo interior que debe romper el hacha de la gran literatura, según Franz Kafka), pero al menos he estado poseído por el amor romántico. Y por tanto sé para qué puede servir una vida no desperdiciada, una vida no dedicada a conseguir *algo* visto como clave de lo feliz sino entregada a *alguien* a quien debemos llevar hasta la felicidad o al menos resguardar de la desdicha. Y siempre la duda, claro, el miedo, el hermoso miedo a equivocarnos...

Bien, ya está, tuve mi oportunidad y con peor o mejor tino la aproveché: viví para alguien, o sea, tuve acceso por un tiempo a la vida superior. Pero una vez perdida mi Pelo Cohete... Recuerdo una y otra vez, imborrables, atroces pero casi impersonales, las palabras de la enfermera que se inclinó sobre ella, ya silenciosa después de tantos gemidos, a las tres de la madrugada: «Ha fallecido». ¡Y yo por un momento, atontado por el sueño y el horror, pensé que se refería a mí! No puede pronunciarse la condena más fatal de modo menos patético, más institucional: ha fallecido. ¿Por qué entonces llorar sin consuelo, tener convulsiones que desgarran el pecho, retorcerse en la náusea de la desesperación... si solamente «ha fallecido»? Nada más ha fallecido, algo muy corriente, otra rutina. Solo una costumbre más, aunque sea la última y la más irrenunciable de todas. Y ya ven, son las tres de la madrugada de un 18 de marzo como cualquier otro. Ese dictamen, «ha fallecido», lo he oído miles de veces, referido a personajes públicos, papas o presidentes, amigos, familiares, simples conocidos... ¿Sabes? Fulano ha fallecido. Ya era muy mayor o no era tan mayor, pero, en fin, ha fallecido. Sí, ha fallecido, como ha llovido y ha amanecido. Ha anochecido ya... Y no siempre es algo lejano, casi impersonal, porque mis abuelas y mi abuelo han fallecido (mi abuelo Antonio, al que tanto quería) y mis padres... Mi padre ha fallecido y también mi madre: desde entonces ni una sola noche he dejado de soñar con ellos. Cuando iba a morir mi madre pensé: si sobrevivo a eso, ya nada podrá conmigo. Pero ahora quien ha fallecido es ella, mi Sara, mi Pelo Cohete. Mis padres, mis hermanos, mi hijo, lo que más quiero, han sido o son *míos*, míos..., pero no como ella era mía. Ella fue mía de un modo en que solo ella podía serlo, únicamente mía, lo único mío... Mi aliento es mío, mis dolores son míos, mi corazón que aún late y los dedos retorcidos de mi mano izquierda son míos, pero ella era más mía que todo eso, mía de un modo en que nada lo había sido y nada volverá a serlo. De un modo que nadie ajeno sabrá nunca. Ahora su ausencia es mía y nada de lo que tengo es tan mío como ella, que ya no está. Es a ella a quien se refieren al decir: «Ha fallecido». Pero ¿cómo, si ella es mía y yo no quiero que fallezca? ¿Qué será de mí, si ha fallecido? Son ya para siempre las tres de la madrugada...

Bien, ella ha muerto y yo sigo vivo. Pronto comprendí que la vida que ahora me esperaba sería penosa, enraizada en la tristeza, pero tan sólida como la de los más alegres. Un poco a regañadientes, como si traicionara un compromiso, empecé a pensar a qué me dedicaría mientras durase, más o menos a la fuerza. Comer y sobre todo beber seguían siendo ocupaciones agradables (nunca, ni en los peores momentos, soy de los que pierden el apetito, no digamos la sed, que aumenta con las contrariedades...), pero son tareas de mantenimiento y poco más. Lo mismo digo de un placer aún mayor, el sueño. No conozco a nadie que duerma tan provocativamente bien como yo y sobre todo que disfrute tanto durmiendo. Los creadores más interesantes a quienes he tratado padecían casi todos insomnio (Kafka, Borges, Cioran...), por tanto siempre he tenido admiración por el mal dormir, sobre el que ha escrito páginas muy interesantes mi amigo David Jiménez Torres. Pero debo admitir que es otro indicio de genialidad que me falta. Una de las cosas que peor llevé de la larga agonía de Pelo Cohete eran las vigilias en el hospital, cuando tenía que quedarme con ella por la noche, cuando se quejaba, llamaba a las enfermeras o los médicos a horas imposibles, quería desayunar churros a las tres de la madrugada... Yo sufría con ella, compadeciéndola, rabiando por ver que no podía descansar, que la pobrecilla había perdido la capacidad de descansar..., pero en el fondo lo que no le perdonaba es que no me dejara dormir. ¡Qué vergüenza sentía, la siento aún, cuando pienso que me irritaba con mi moribunda adorada porque no se dormía de una puñetera vez y me dejaba dormir a mí! ¿Se puede ser más egoísta, más insensible? Pero es que yo tenía que dormir, me era imprescindible, y en la situación de angustia que vivía durante el final de Pelo Cohete aún más. Cuando murió, los primeros días, amigos compasivos me recomendaban Orfidal y potingues semejantes para conciliar el sueño y yo los tomaba hipócritamente, con lamentable expresión de agobio, como si los necesitase. Cuando en realidad lo único positivo de la pesadilla que estaba viviendo es que por fin podía dormir a mis anchas, sin interrupciones ni sobresaltos...

Para colmo, mis sueños no solo son plácidos sino por lo general muy divertidos, encantadores. Claro que tengo de vez en cuando alguno de esos sueños incompetentes, pegajosos, que se atascan y se repiten hasta un comienzo de angustia. Demasiado parecidos a lo que llamamos vida verdadera... Pero por lo general los míos son como películas de clase B (¡o Z!) de las que me gustan, intrincados pero ingenuos, llenos de gags, que frecuentemente me hacen reír sin despertarme. ¡Y qué aventuras más estupendas suelo correr, casi siempre con un toque marinero! A pesar de mi afición a Lovecraft (sin duda uno de los escritores que más ha marcado mi imaginación), no me he contagiado de sus nocturnas visiones de corte morboso. Cuando aparecen hongos de Yuggoth en mis noches siempre tienen cerca algún elemento liviano o trivial para ayudarme a pasar el trago. El toque más triste en mis sueños siempre suele aparecer ligado a mis padres, con quienes como he dicho sueño invariablemente todas las noches. Los veo, los amo, y pienso en el momento terriblemente doloroso en que voy a verlos morir. Sobre todo, en el caso de mi padre, que aparece casi siempre muy viejo, inestable sobre sus piernas, algo incoherente en lo que dice o hace... como lo vi durante tanto tiempo (o que me pareció mucho) en mi adolescencia: nunca salí de viaje sin pensar que moriría antes de que yo volviese a casa. Finalmente estuvo a punto de ocurrir, cuando mi hermano y yo estábamos en Epsom, en el Derby de 1978. Volvimos a toda prisa y llegamos a tiempo, porque murió tres o cuatro días después. Mi madre se me aparece en cambio por lo común rozagante de salud, pero al verla e interactuar con ella me obsesiona que pronto tendré que verla morir: va a morir, va a morir enseguida, ¿cómo es posible que ella también muera? Hasta que, por fin, en el sueño que se iba pudriendo, sopla una ráfaga de aire fresco: pero ¿por qué me preocupo si ya han muerto? El momento atroz ya ha pasado, no tendré que volver a sufrirlo. Ahora están a mi lado, acompañándome, reconociéndome, y por lo que a mí respecta nunca volverán a morir. El alivio que siento es parecido al de un paciente al que la temida radiografía no le revela más que un tumor benigno. También cuando Pelo Cohete se incorporó a mi Dreamland (creo que soñamos por las noches para volver a encontrarnos con nuestros muertos) no lo hizo del modo dramático y atroz que hubiera cabido esperar. Al contrario, me tranquilizaba, se reía de mi pena por su ausencia, me aseguraba que nos veríamos todas las noches. «Seguimos juntos, ¿qué más da vernos de día o de noche?». Al principio, verla en sueños fue lo más parecido a la alegría de que disfruté en mi persistente tristeza. Después se fue yendo otra vez y ahora sueño ya poco con ella...

Pero no podía dedicarme solo a dormir, tal vez soñar. Si la muerte no parecía de momento inminente (a ver, seamos sinceros, yo vivía con desgana, pero la muerte no me apetecía en absoluto), debía buscar ocupación en algunas de mis escasas habilidades. Se supone que yo siempre he querido ser escritor: no filósofo, ni profesor. Es lo que me gusta desde pequeño: ¿qué quieres ser de mayor, chico? ¡Escritor! Ninguna otra cosa, no por supuesto «filósofo» (un título que me suena absurdo, casi tanto como «intelectual», una bobada fanfarrona como *latin lover*). ¿Yo, filósofo? ¡Venga ya! Nunca he creído que un mamífero pueda descifrar el sentido del universo, aunque respeto a seres excepcionales que lo han intentado: Platón, Aristóteles, Spinoza, Kant, Schopenhauer... No me creo que consiguieran nada definitivo ni siquiera aproximado, pero alcanzaron una nobleza que ningún otro ejercicio humano puede superar. Un personaje de Shakespeare dice: «Si vivimos, vivimos para pisotear cabezas de reyes». Yo quiero suponer que el más alto oficio es pisotear cabezas de sumos sacerdotes, de arúspices, de nigromantes, de sabios dedicados al cálculo práctico, pero no al libre y arrebatador pensamiento...; incluso pisotear cabezas de otros filósofos del pasado: este es el oficio filosófico por excelencia, por eso la filosofía es vicio juvenil como la soberbia, según explicó bien José Gaos. Solo los más jóvenes son espontáneamente soberbios porque aún creen en su inmortalidad y también algunos viejos muy inteligentes, pero con un flanco pueril como Schopenhauer, que se ufanaba de ir a llegar a los cien años, como si tal cosa fuese envidiable según su propia filosofía. Ya he llegado a ser más viejo de lo que él alcanzó, por cierto, y de poco me vale... No me avergüenzo de haber sido durante tanto tiempo profesor de Filosofía porque es un ejercicio que mantiene en adolescentes y jóvenes el aprecio por lo inútil, por el juego sin finalidad productiva que es el rasgo más hermoso y sabio de la infancia. Platón dijo que filosofar era «jugar en serio» y para Adorno gracias a que la filosofía no sirve para nada aún debemos ocuparnos de ella. En efecto: cabe decir que la filosofía es vital porque se parece a la vida en que no sirve para nada. Es su lado diabólico, que viene de aquellos espíritus rebeldes que se acogieron al lema más hermoso: *Non serviam!* Antes de doblegarse ya para siempre al «sentido práctico» de la vida adulta, que nos somete a mecanismos laboriosos para convertirnos en esclavos de lo necesario, es aconsejable triscar por un tiempo en el *locus amoenus* de la filosofía. Y los mejores maestros —me incluyo— del saber de lo imposible fomentamos ese tránsito que marcará a ciertas almas para siempre, aunque lleguen luego a caballeros de industria. ¿Corrupción de menores? En efecto, aunque por la mejor de las causas: por su bien. Pero sin duda Sócrates fue condenado a muerte con toda justicia.

Lo que es perfectamente ridículo (y por tanto asumido y celebrado por la mayoría de los progres que chapotean en la defensa antifilosófica del filosofar) es que aprender filosofía «enseña a pensar». ¡Ya, y comer gambas enseña a chuparse los dedos! A los humanos no nos queda más remedio que pensar, poco duraríamos de otro modo (aunque conocer a muchos catedráticos de Filosofía haga dudar de este principio). Pero para estos adalides, todo pensamiento debe ser «crítico» —ellos desde luego están en estado crítico— y ese nivel solo puede alcanzarse en clase de Filosofía, en la que se enseña a ser anticapitalista, antiestatal, antipatriarcal, antibinario, antiespeciesta y el resto del programa que nos salvará del mal. Si la filosofía tuviera realmente algo que ver con semejante adoctrinamiento para tarados palurdos, tipo Paul B. Preciado o Judith Butler, su desaparición de los planes de estudio de bachillerato debería ser celebrada como un logro de la civilización. No es así, afortunadamente. En cambio, enseñar filosofía puede inculcar el aprecio por lo discutible, y eso sí que es provechoso. Con frecuencia, ante una opinión o una hipótesis, oímos decir de modo derogatorio: «Bueno, eso es muy discutible», lo que equivale a «¡Que te lo has creído!». Sin embargo, decir de algo que es discutible resulta un formidable elogio. Solo lo que pisa aunque sea inciertamente en la dudosa senda del espíritu es discutible, mientras que la estupidez supina o la franca locura son refractarias a la discusión. Aprender a valorar el debate y la duda razonable sobre aquello de lo que nunca alcanzaremos certeza absoluta es un logro nada desdeñable obtenido por la frecuentación de filósofos de pata negra. O por el abnegado magisterio de profesores de Filosofía sin aspiraciones «críticas»... Huyamos, por lo demás, de esa pléyade de «filósofos» de todo a cien que se hacen un hueco en internet y vierten sus ocurrencias dignas de calendario zaragozano a una devota cáfila de miles de seguidores. Tener muchos seguidores en ese ámbito pantanoso es mala señal y hay que evitar a quien los ostenta, por lo mismo que nunca se debe comer en un restaurante con estrellas Michelin o ir a ver películas premiadas con los Óscar.

A lo que iba: se me ha pasado la edad de hacer filosofía, incluso de enseñarla. Y mucho menos de leerla. A veces, en la plaza de la Sorbona parisina, me detengo como tantas veces he hecho durante mi vida ante el escaparate venerado de Vrin, la librería que solo vende libros de filosofía. Veo los títulos, los ilustres autores, las severas portadas... y vuelvo a sentir una punzada de emoción intelectual, casi de arrobo místico. ¡A eso y no a otra cosa debo dedicar mi vida! Pero después me sumerge la oleada del aburrimiento: ¡otra vez Hegel, más

Kant y Nietzsche, incluso —*Deus sive natura* me perdone— vuelta a Spinoza! Ya sé, ya sé que alguien digno de su humanidad no debe frecuentar otra compañía, pero si soy sincero debo reconocer que estoy harto de ellos y sobre todo de sus incansables exégetas. Esos maestros insuperables no me devolverán a mi Pelo Cohete: ¿y para qué coño quiero la sabiduría si no la tengo a ella? Leerlos no me dará ni un día más de vida, no impedirá que muera como un perro abandonado en la nieve, como un gusano. Seré borrado como ha sido borrado lo que amé y debo fingir que no me importa porque un avispado griego o un tozudo alemán hicieron unas cuantas consideraciones embaucadoras sobre la muerte que asumiré como alivio si quiero parecer culto. ¡Venga ya! Lear tiene razón cuando con el cadáver de la dulce Cordelia en sus brazos brama contra el desafuero que supone cualquier roedor vivo frente a su hija muerta. «En nada piensa menos el hombre libre que en la muerte», enseña el sabio más amable, el inexpugnable Spinoza. Ah, ¿no? ¿Para ser libre debo dejar de pensar en mi amada muerta, en que ya no volveré a verla y ni siquiera mi muerte me la devolverá? Pues entonces prefiero la esclavitud obtusa del dolor que se niega a entender y aceptar, la locura rebelde de Lear. Desabrochadme este botón...

De modo que no hay consolación de la filosofía para mí. Hay cosas, como la bebida o las carreras de caballos, que no salvan, pero por lo menos no aburren. Desde que murió mi Pelo Cohete sé que la filosofía ni salva ni hace olvidar, pero me parece muy competente en lo tocante a aburrir. Quizá ella misma no tenga la culpa: no está hecha para lograr milagros sino para resignarnos a que no existan. Por lo visto, soy de los que no se convencen, de los inconformistas con lo que los razonamientos dejan bien claro. A fin de cuentas, el último resultado de los inteligentes y bien trabados argumentos filosóficos siempre es el mismo: esto es lo que hay. Bajo la cabeza, parece que acato, pero luego me rebrota el pataleo infantil: ¿eso es lo que hay? Entonces, ¿por qué no intentamos hablar de lo que no hay? Actitud que groseramente se conoce como «mear fuera del tiesto». Perdonen, pero mientras meo los entretengo con un cuentecillo, que medio invento medio recuerdo de no sé dónde.

> Hace muchos, muchos años, en una diócesis italiana (¿o era española? No, creo más bien que italiana, aunque hace tantos años no existía propiamente Italia. En fin, mejor dejarlo que me lío, que se me hace la... calla, calla). En esa diócesis empezó a correr el rumor sobre un humilde monasterio, uno de cuyos miembros —el hermano José— era un personaje de piedad admirable al que los lugareños atribuían poderes sanadores extraordinarios. Hasta se le atribuía la resurrección de un muerto, infundio

que ninguna mente sana podía aceptar. Estas habladurías llegaron a oídos del obispo, que era una persona bastante culta y por tanto atribulada, lleno de achaques y preocupado por la cercanía de la muerte, pues tenía ya más de sesenta años. La idea de un curandero prodigioso pero no sospechoso de brujería ni pacto diabólico, por su acreditada piedad, le resultó interesante. ¿No podría llevárselo a la sede episcopal como una especie de médico de urgencia y también consejero espiritual? «Caray, para algo soy obispo», pensó su ilustrísima. De modo que viajó hasta el monasterio, un trayecto bastante incómodo porque estaba muy a trasmano y los caminos no eran nada fáciles, ni siquiera para una buena carroza como la del dignatario. A su llegada lo recibió con el debido ceremonial el abad, a quien comunicó de inmediato el motivo de su visita. Para su sorpresa, el prior se mostró renuente y trató de disuadirlo de su propósito. «El hermano José es sin duda una persona excelente, pero muy muy simple: algo corto de luces diría yo, sin faltar a la caridad. Carece de toda instrucción y solo tiene cierta habilidad manual, por lo que le encomendamos tareas sencillas de mantenimiento. En cuanto a sus supuestas curaciones, si las ha habido, se deben probablemente a la sugestión de las consejas que corren sobre él, de las que desde luego no lo hago responsable». El obispo insistió de todas formas en conocer al personaje. «Es que está trabajando, su ilustrísima —se excusó el abad—. Allí arriba, mírelo». Señaló al tejado de un cobertizo, donde un monje con el hábito remangado se esforzaba en clavar las placas de la techumbre. «Llámelo, por favor», ordenó suavemente el obispo. «¡Hermano José!». A la llamada del abad, el monje alzó la cabeza y le lanzó una sonrisa que algunos calificarían de beatífica y otros de bobalicona. «Baje inmediatamente». El hermano José asintió vigorosamente con la cabeza y, sin perder la sonrisa, despegó del tejado, planeó con gracia no exenta de celeridad y aterrizó a los pies de su ilustrísima, a quien hizo una simpática y algo atolondrada reverencia. El abad se encogió de hombros, como diciendo: «¿Y ahora, qué?». El obispo regresó inmediatamente al palacio episcopal y abandonó su cargo. Unos dicen que ingresó en una severísima orden de clausura a cuyos miembros estaba prohibida no solo la palabra sino el frecuente pensamiento. Otros cuentan que lo vieron en el puerto vestido de colorines: estaba en una taberna, alegremente ebrio, y tenía en su regazo a una moza entrada en carnes y que las mostraba sin recato. El hermano José fue beatificado un siglo después y hoy es el santo patrono de los médicos de atención primaria.

Como el obispo de mi cuento, preferiría el milagro a la explicación racional, que a mi edad es difícil que me sea favorable. Lo malo es que no creo en milagros ni me han servido ninguno a domicilio: le ofrecí a Dios fervorosamente la oportunidad de ganarse un adepto incondicional durante la atroz enfermedad de mi amada, pero no quiso o no pudo aprovecharla. Que luego no se queje. En cualquier caso, la filosofía ya no me interesa porque no necesito consuelo sino salvación: no busco la confirmación racional de lo necesario sino la revelación de lo imposible, como quiso Chestov. Y lo imposible sigue siendo cerradamente imposible para mí. De modo que mal asunto, porque ya no sé de qué escribir y si no escribo a ver con qué me entretengo. Pelo Cohete me pedía que inventara ficciones para ella: «Escríbeme un cuento, alma mía». Y para ella fueron *El gran laberinto*, *La Hermandad de la Buena Suerte* y *Los invitados de la princesa*, que le gustaron mucho. Su aprobación me hacía feliz, aunque no recibiera ninguna otra. Yo prefería su «Qué bueno, ¿no?» al premio Nobel, aunque por si acaso me procuré el Planeta y el Primavera, porque no es cosa de desperdiciar las oportunidades. Gracias a eso pude pagarle los médicos de Estados Unidos que finalmente de nada sirvieron. En cualquier caso, mi etapa de narrador murió con ella porque después de nuestras mil y una noches a la Scheherezade que fui le cortaron la lengua. De modo que ni filosofía ni relatos ni...

Al poco de hundirme en su ausencia, un compañero donostiarra de *El País*, Borja Hermoso, me ofreció la posibilidad de empezar una columna semanal de trescientas palabras que se publicaría los sábados. Aunque a lo largo de muchos años había escrito tantos artículos de todos los temas y extensiones, nunca me había comprometido a algo tan frecuente y a la vez tan breve. Empecé con bastantes dudas, pero pronto comprendí que el formato y hasta el ritmo temporal convenían casi milagrosamente a mis tristes circunstancias. Ahora llevo ya ocho años en esa tarea sin faltar ni una semana y creo que en esa variada colección están algunos de los mejores artículos que he escrito. Cuando se acercaba el aniversario del primer año de la muerte de Pelo Cohete decidí recordarla con una columna dedicada a ella: he venido desde entonces cumpliendo ese ritual cada 18 de marzo. Es uno de los pocos caprichos personales (junto a mis comentarios hípicos) que me permito en mis colaboraciones periodísticas, siempre muy profesionales y hasta poseídas por un compromiso pedagógico a veces un poco ingenuo. Quizá más adelante vuelva sobre este asunto. Sea como fuere, esa necrológica anual son las trescientas palabras en las que invierto más esfuerzo, más pasión y más cuidadoso cariño de todas las que escribo en el año. Ni política, ni literatura, ni arte ni nada, lo que resume doce meses de mi vida son esas líneas que ya no puede leer la única persona a la que van dirigidas. Como muestra incluyo aquí la correspondiente al 18 de marzo de 2023, el día en que se cumplieron ocho años del fallecimiento de mi Pelo Cohete.

Hay poemas por los que no solo sentimos un aprecio literario, sino que se incorporan a nosotros de modo imborrable y definitivo, como ciertas experiencias sensuales o creencias religiosas. Así me ocurre con *Las cosas*, de Borges, en el que repasa una lista arbitraria de objetos corrientes, «el bastón, las monedas, el llavero, la dócil cerradura, [...] los naipes y el tablero [...], limas, umbrales, atlas, copas, clavos, nos sirven como tácitos esclavos». Su persistencia utilitaria sobrevivirá a quienes creímos ser sus dueños por un rato: «Durarán más allá de nuestro olvido; no sabrán nunca que nos hemos ido». Las cosas de las que se ha servido alguien parecen seguir esperándolo cuando ya es imposible que vuelva a necesitarlas. Son más tercamente fieles a las rutinas del existir que sus desaparecidos dueños.

Sigo viendo los adornos que te gustaban, Sara, los botes y cazuelas que manejaste, los muñecos que hacías con tanto arte, la ropa que te ponías, la bicicleta, el piano que nunca tocabas, pero del que jamás te separaste, las colecciones populares de libros que comprabas en los quioscos antes de que te conociera, las pelis en DVD ordenadas cada una con su número y con su ficha, con tu letra redonda, aplicada y feliz (¿ves?, ya estoy llorando otra vez). He intentado no ser fetichista, he regalado a personas que querías o que hubieras podido querer recuerdos tuyos: nadie podrá comprender el dolor inconcebible que he sentido cada vez que algo que tocaste ha salido de casa. «¡No toquéis mis cosas!» protestabas en cuanto te cambiaban algo de sitio. Ahí siguen esperándote, en su mayoría tal como las dejaste: el molde con tu forma que queda en la cama al levantarte. Entre esas cosas estoy yo, Sara, la posesión más tuya, la que tanto viste y tocaste, la que te acariciaba y nadaba contigo: la única que sabe y siente que te has ido.

Hay ciertas frases comunes o ideas recibidas por las que intuyo de inmediato la imbecilidad de algún opinador u opinadora. Es algo fácil de descubrir porque todos estamos unidos a nuestra época por el vínculo de la vulgaridad intelectual: somos más o menos inteligentes a nuestro modo, pero tontos al estilo de la mayoría. A veces este tropezón y caída en la fosa común nos descubre la estupidez disimulada de alguien al que considerábamos un espíritu superior. Cuando lo oigo rebuznar al unísono pienso: «¡Ah, bribón, qué engañado me tenías!». Uno de esos tópicos delatores que ya he mencionado es la derogación del «amor romántico» (me extrañaría que hubiese otro). Los unos aseguran que no existe; otros (a menudo los mismos, la contradicción no los asusta) que es dañino, peligroso, incluso —*horresco referens!*— heteropatriarcal. Dar muestras de él basta para ser reprendido por los nuevos inquisidores (inquisidoras en su mayoría), que tanto trabajo tienen y molestias se toman; pero elogiarlo es algo inmundo y mefítico, como alabar la lepra o el escorbuto. Según parece, el amor romántico pertenece al orbe de las *fake news* trumpistas, aunque no hay nadie menos romántico que Trump. Según parece, alguien difundió el bulo de que era necesario y maravilloso solo para amargar la vida de quienes no pueden sentirlo. Porque hay gente refractaria al romanticismo auténtico (que no es el de las postales navideñas de gatitos tiritando en la nieve). Y harán bien en no empeñarse en buscarlo o exigirlo en sus relaciones. Pero otros somos más afortunados (o quizá menos, según se mire) y podemos padecer ese delicado tormento: una vez probado lo necesitamos para merecer la vida. Nos hace extraordinariamente vulnerables pero a la vez indestructibles, porque nadie puede romper un huracán. Siempre que me siento a escribir la columna anual dedicada a mi añorada hago primero un breve acto de fe incorruptible en el amor romántico, solo amor por romántico, verdaderamente romántico por verdadero amor.

Escribir breves artículos, una vez al año románticos (dos, si se cuenta mi crónica anual del Derby), leer mucho —como siempre, más que nunca— y también cumplir mi ritual con todos los hitos de la temporada hípica. Nada de conferencias académicas, cada vez menos viajes (sobre todo trasatlánticos), no salir de casa salvo para lo imprescindible, léase los baños en la Concha entre junio y noviembre. Recordar el dictamen irrefutable de

Pío Baroja: a cierta edad, ya no debe uno ir a ningún sitio del que no pueda volver andando. Aceptar un lento marchitarse, acelerado dentro de poco probablemente por un tumor, un ictus, una mala caída: el preludio de la nada. Repetir como el Teseo de André Gide, que tanto me gustaba en mi primera juventud: «He vivido». Ya estaba trazado el último camino y yo decidido sin reproches a seguirlo. Entonces, como siempre, ocurrió lo inesperado.

Capítulo 2

¡Qué mundo! ¡Qué mundo!

Últimas palabras de la bruja mala
en *El mago de Oz*

¡Italia! Después de repetir que ya no volvería a viajar, me acordé de Italia. Como esos cantantes que nunca acaban de despedirse de su público y vuelven al escenario una y otra vez, como los toreros que van repitiendo la ceremonia emotiva de cortarse la coleta por todas las plazas, en fin, como cualquier otro pelmazo, yo aseguré que ya no escribiría más y seguí (y sigo) escribiendo, juré que se me habían pasado las ganas de viajar y luego me abrumó como una ola el recuerdo de Italia. Entonces, hice trampa otra vez porque soy incapaz de decir con sinceridad: «Ya no volveré a Italia». Sería tan falso como prometer que no volveré a San Sebastián, a París o a Epsom. Claro que un día ya no podré imaginarme volviendo a esos lugares de mi corazón, pero será porque ya no habrá más ir y venir: me habré quedado «en el sitio», como dice la aparentemente serena pero bastante siniestra expresión castellana. En fin, abrevio, que en cuanto me dejo ir acabo en el cementerio. Decía que cuando establecí formalmente el final de mis viajes, tardé poco en oír un zumbido interior que repetía: «¡Italia, Italia!». Y resultó que ya me sentía algo mejor, no porque hubiese acabado mi tristeza esencial, sino porque poco a poco, increíblemente, vergonzosamente, me estaba acostumbrando a padecerla. Entonces, mira qué oportunos, me invitaron a Italia.

Y además a una ciudad que conozco bastante bien y que me gusta mucho: Módena. Allí se celebró durante muchos años en el mes de septiembre un notable festival de filosofía al que fueron invitados casi todos los grandes filósofos italianos y europeos, incluso algún destacado pensador norteamericano. Como mis libros tuvieron una exageradamente generosa acogida en Italia, que nunca agradeceré bastante, me invitaron varios años como conferenciante. Las charlas tenían lugar en el teatro de Módena y también en localizaciones históricas de localidades vecinas como Sassuolo y Carpi (de esta última era oriundo el gran actor americano Ernest Borgnine, de verdadero nombre Ermes Effron Borgnino, que poco antes de morir visitó Carpi y pudo conversar con los vecinos mayores en el dialecto local, en el que le hablaba su abuela). Siempre me ha impresionado la cantidad de gente entusiasta que acude en Italia a las charlas de filosofía, no aptas en principio para todos los públicos y en muchos casos con el incordio a mi juicio insoportable de la traducción simultánea o sucesiva. En marcos privilegiados, al aire libre, disfrutando del delicioso verano meridional, los italianos de toda condición aguantan rollos macabeos sobre Heidegger y tiranos de la misma calaña con verdadera devoción. Creo que es un fenómeno único en Europa y para mí conmovedor. Tengo muchos recuerdos de esas jornadas, a menudo gastronómicos: como no he nacido para confraternizar, en cuanto podía me escapaba de los almuerzos y cenas colectivos con los demás profesores y hacía rancho aparte. ¡Qué deliciosos *tortellini in brodo* o *agnolotti* a la piamontesa me he tomado cuando me escapaba de mis cofrades, todo regado con extrabundante vino *rosso*! En cierta ocasión, el festival me designó una traductora sucesiva para mi charla, tímida y muy bonita. Le prometí que leería despacio para facilitar su trabajo, lo que soy perfectamente incapaz de hacer. Comencé haciendo prudentes paradas cada pocas líneas y al momento me convencí de que mi grata colaboradora no entendía nada de mi discurso y solo balbuceaba divagaciones, confusa y sonrojada. Procuré irla sustituyendo poco a poco y yo mismo fui traduciendo lo que leía, que nunca fue memorable, pero poco ganaba con semejante trasiego. Cuando acabamos y me sequé el abundante sudor con un suspiro, le comenté a mi guapa e inútil intérprete que no parecía entender tanto español como me había asegurado. Me dijo con encantadora sinceridad que es que yo hablaba un español muy raro: mira que me han reprochado cosas en la vida, pero eso, nunca. Después me explicó que ella había aprendido nuestro idioma en Barcelona, con un novio cariñoso y fugaz que había tenido allí. Entonces comprendí el malentendido lingüístico. Lo que aquel envidiado novio le había enseñado en circunstancias seguramente gratas no era la lengua de Antonio Machado sino la de Josep Pla. Como consejo vital y en tono paterno, le recomendé que nunca se fiase de un novio y mucho menos si era catalán.

Esta vez mi reclamo en Módena no era la filosofía sino un encuentro sobre teatro y política. Siempre he tenido al teatro por la más democrática de las artes porque se basa en la palabra activa, como los parlamentos, y en la atención a lo que se dice y a cómo se dice, igual que las asambleas. Naturalmente mi idea del teatro tiene poco que ver con los espectáculos semicircenses que ahora a veces lo sustituyen: en esto, como en tantas otras cosas, soy indiscutiblemente tradicionalista. El programa de nuestro encuentro me dio un tufo peligrosamente progre y lo que en mis buenos (quizá solo regulares) tiempos se llamaba «contracultural», pero como ante todo se trataba de recuperar Módena ya no era cosa de retroceder. Emprendí el viaje acompañado de M, a la que también le interesa el teatro y además sabe del asunto mucho más que yo..., pero no conocía Módena. Al menos como cicerone turístico podía ejercer de Pigmalión, ese papel ingenuamente vanidoso que tanto nos gusta a los incorregibles varones heteropatriarcales. Y ella era sin disputa una *my fair lady*, guapa, sagaz, cariñosa y... de cama alegre. Nos conocíamos (en el sentido bíblico del término) desde hacía muchos muchos años, desde antes que Pelo Cohete y yo nos hubiésemos encontrado. Veamos, no pretendo alardear de libertinaje... sobre todo en una época tan arrolladoramente promiscua como esta y estando yo sin duda en el desván entre otros trastos viejos. Desvanecido... No creo en la obligación de la fidelidad y siento disentir de mi querido Oscar Wilde, que dijo: «Cuando tienes veinte años quieres ser fiel y no puedes, y cuando tienes cuarenta quieres ser infiel y tampoco puedes». No, tío Oscar, no siempre es así. No recuerdo haber querido nunca ser fiel, pero con el tiempo he adquirido cierta pericia y tacto en la infidelidad. Eso sí, leal indefectiblemente, leal al amor (no al sexo) hasta el final. Este libro es prueba de ello.

Empezamos muy bien nuestra estancia en Módena. Yo conocía un restaurante en un primer piso frente al mercado, de ambiente y cocina *ca-*

salinga, donde el almuerzo era un festejo cotidiano que no conocía la estrechez ni el rebuscamiento. Lo opuesto a esos templos del esnobismo donde comer es una «experiencia», como que te den por culo en un cuartel de alta montaña ocupado por osos Kodiak. Nada más opuesto a una buena comida que un experimento, pero, claro, si de lo que se trata es de presumir... En fin, M y yo comimos y bebimos como príncipes del buen apetito. Después visitamos en el teatro de la ópera la estatua del gran Luciano Pavarotti, hijo de la localidad (como la estupenda soprano Mirella Freni), que había muerto varios años antes. Nos encontrábamos tan bien y estábamos tan contentos que yo hacía todo lo posible por no acordarme de la charla, diálogo o lo que fuera que debía mantener para justificar el viaje que nos habían pagado. Debe de haber pocos que hayan dado tantas charlas como yo y siempre con la esperanza de que en el último momento se hubiera cancelado el acto por un desastre fortuito. En esa ocasión, casi me salgo con la mía.

Mi intervención inauguraba la semana de actividades y tuvo lugar en el otro gran teatro de la localidad, precioso como suelen serlo siempre ese tipo de locales de arte en las ciudades italianas de mediano tamaño. Tal como yo temía, el tono del diálogo en que debía intervenir pagaba el forzoso peaje a la elevación progresista del alma. No falla, en cuanto la palabra «capitalismo» es una de las cincuenta primeras que se pronuncian para designar las preocupaciones de un autor, los enemigos de su inquieto espíritu podemos asegurar que nada especialmente provechoso puede esperarse de tan esforzado personaje. De los capitalistas pueden esperarse muchas cosas regulares y bastantes buenas, pero de los anticapitalistas de hueso colorado (como decimos en México) nunca puede sacarse nada aprovechable. Frente a esa irrupción del *vade retro* ya sé cómo prevenirme, diciendo educada pero firmemente lo contrario de lo que se espera de mí, porque en bastantes sitios (en España afortunadamente cada vez menos) aún se me tiene por un progre de carril. Causo en los que me han invitado cierta sorpresa, decepción y hasta escándalo, pero de vez en cuando veo en los oyentes una mirada cómplice y una media sonrisa, como diciendo: «¡Ah, de modo que tú también te has dado cuenta ya!». En fin, en esa ocasión mi parte del juego transcurrió sin desastres dignos de mención, los organizadores quedaron cortésmente perplejos pero contentos y yo me fui con M a una cena bien regada, que esperaba ver seguida por una noche de gratos escarceos. Y más o menos, así fue.

Al día siguiente, según mi inveterada costumbre en ese tipo de encuentros colectivos, desaparecí de los actos programados en los que mi presencia no era ya obligatoria y nos fuimos a Bolonia, que M no conocía. Era un día fresco pero espléndido de finales de febrero, de modo que pudimos disfrutar del paseo por la ciudad, de un aperitivo en una terraza y luego del almuerzo en otra donde tomamos unos espaguetis con ragú de lo mejor que he probado en mi vida. En la televisión del local donde entramos buscando expreso y *grappa* me pareció oír algo sobre dos o tres hospitalizados por una infección vírica, pero no presté demasiada atención. Cuando uno está en un país extranjero, las noticias locales parecen pertenecer al género de la ficción o incluso al entretenimiento, pero no a la realidad acuciante. En el tren de regreso a Módena la gente hablaba con cierta preocupación (y también con bromas, a la italiana) de los contagios. Vaya, qué fastidio, a lo mejor no era prudente volver a Bolonia, donde nos habíamos dejado bastantes cosas por visitar. Pero en Módena nos encontramos montado ya el zafarrancho. La gente estaba preocupada y los que insistían en tranquilizarnos nos alarmaban aún más. Algunos de los invitados que debían intervenir el día siguiente y venían de Milán o Turín habían suspendido su viaje. Afortunadamente, yo había cumplido ya mi compromiso, de modo que si nos íbamos nadie tendría nada que reprocharnos. Total, que decidimos cambiar nuestro vuelo de vuelta y huir sin demora, pese a que sacrificábamos días preciosos y *tortellini* memorables. Una retirada más fácil de decidir que de llevar a cabo, porque no abundaban las plazas libres en los vuelos que salían del aeropuerto de Bolonia. Menos mal que nos decidimos sin demasiadas vacilaciones... De hecho, después me enteré de que mi acto en el teatro fue el primero y último de nuestro frustrado congreso y que acabábamos de escapar del primer epicentro lombardo de la naciente epidemia de la covid.

Llegamos a Madrid convencidos de que habíamos esquivado un problema exclusivamente italiano. Los contagios, incluso las muertes, en Lombardía y Reggio Emilia, me parecieron un peligro que afortunadamente habíamos dejado atrás. Yo me volví enseguida a San Sebastián, donde me esperaba un almuerzo con amigos, y me excusé con mi fraternal compañero José Mari Calleja por no poder asistir a comienzos de marzo a la presentación de su último libro en la librería Rafael Alberti. Quizá fue una de esas ocasiones en que uno salva el pellejo sin suponerlo, porque ese acto realizado en un espacio reducido y poco aireado, cuando aún nada sabíamos de precauciones contra el contagio, estoy convencido de que le costó finalmente la vida a mi querido José Mari y también podría haberme dado un disgusto a mí, por edad en mayor riesgo potencial que él. Ahora, en 2023, hay muchos arúspices sobrevenidos que nos aseguran que ya en febrero del 2020 se sabía todo lo que había que saber sobre la covid-19 y su peligro. Yo desde luego les aseguro que no conocía el peligro y me empeñaba en hacer una vida normal a pesar de los indicios cada vez más negros. Siempre he sido de una notable inconsciencia en cuanto a las amenazas que se cernían sobre mí (en la época del terrorismo etarra respondí igual), como si me creyese invulnerable o algo así, despreocupación que he compensado agobiándome más de lo debido por los riesgos que corren los demás, sobre todo mis seres queridos. Es como si pensara que todo el mundo es frágil menos yo: igual que en los sueños, en tantos aspectos guías de mi vida, donde me inquieto por la salud de mis padres (hasta que recuerdo que ya han muerto y me tranquilizo) o mis hermanos, pero nunca por la mía, convencido de que estoy a salvo porque soy el soñador.

En fin, para mi sorpresa llegó el confinamiento, los hospitales se llenaron de víctimas, algunas parientes o conocidos, y comenzamos forzosamente una nueva forma de vida que duró bastante más de la dos o tres semanas que algunos ilusamente creíamos probable. Yo me confiné en San Sebastián, afortunadamente, y durante los primeros meses lo pasé de maravilla. ¡Encerrado en casa, sin obligación de ver a nadie salvo a Sagrario, mi estupenda asistenta que me traía comida, dedicado a leer y a revisar pelis antiguas, saliendo solo una vez al día supuestamente a comprar el pan, pero aprovechando para darme un paseo lo más largo posible por la Concha con la barra debajo del brazo! Lo más parecido a un programa paradisíaco. Si hubiera estado mi Pelo Cohete me habría desvivido por ella, tan rebelde a las imposiciones gubernamentales, pero por una vez su desdichada ausencia tenía una contrapartida positiva. Entonces descubrí en mí una confortable vocación de confinado, que al principio me tuvo encantado, pero luego poco a poco se fue haciendo algo fastidiosa. A veces llegué a echar de menos verme rodeado de gente desconocida, lo que nunca me había pasado antes ni afortunadamente ha vuelto a ocurrirme cuando recuperamos la normalidad. Pero el confinamiento tenía muchos encantos: sobre todo, ver la Concha vacía, limpia de humanos, primigenia. Fuese con sirimiri o con sol, siempre me emocionaba hasta humedecerme los ojos. Claro que a los pocos días mis paseos con el pan debajo del brazo como un recién nacido ya talludito despertaron la suspicacia de los *ertzainas*. ¿Por qué me encontraban todos los días en la calle? Les expliqué muy digno que iba a comprar el pan y me dijeron que lo comprase para cuatro o cinco días y lo tuviera en el frigorífico. Estuve a punto de responder que en mi frigorífico no guardaba la Concha, pero me callé y fingí aquiescencia. Por suerte, en mi tierra el espíritu alguacilesco está bastante mitigado, salvo entre los muy *abertzales*...

En esos días de clausura descubrí Zoom o mejor dicho me lo descubrieron. Los amigos de Hispanoamérica de los que ya me había despedido creía que definitivamente porque desde mi viudez me consideraba incapaz de viajes trasatlánticos volvieron a asaltarme con entusiasmo vía internet y tuve otra vez charlas, presentaciones y todas las amables torturas de las que creía haberme librado con el pretexto —muy cierto— de mi tristeza incapacitante. Pero ¿cómo negarme a hablar con mis amigos, hermanos más bien, del otro lado del charco cuando ni siquiera tenía que quitarme la bata y cambiarme las zapatillas por un calzado más formal? Claro que Zoom, como muchas otras cosas que llegaron con la pandemia, no se fue después con ella. Todavía hoy —abril de 2023— se ve gente por la calle pegada a la mascarilla como si por tan dudoso escudo higiénico les llegase el aliento vital. No sé a cuántos habrá protegido realmente ese embozo, pero desde luego ha despertado indiscutibles vocaciones fetichistas... Del mismo modo, Zoom y otros sistemas de comunicación vía internet llegaron, vieron y vencieron. Ya se han tatuado en nuestras vidas para siempre jamás...

No debo sin duda quejarme demasiado, porque gracias a Zoom mi vida dio un vuelco tan inesperado como embellecedor. En general creo que los apocalípticos que denuncian una amenaza contra la humanidad y la cordura en cada novedad tecnológica que cambia nuestras costumbres pierden el tiempo y lo hacen perder a los demás. Ningún aparato por ingenioso y útil que sea, de la rueda al *smartphone*, sin olvidar la inteligencia artificial que tanto altera a quienes padecen estupidez natural, convertirá a los seres humanos en algo mucho mejor o mucho peor de lo que siempre han sido. Cada instrumento de la evolución humana (los animales evolucionan biológicamente, los humanos tecnológicamente, en ambos casos sobreviven los más aptos aumentando ciertas capacidades y atrofiando otras) responde a una de nuestras demandas prácticas, pero haciendo olvidar los expedientes por los que las resolvíamos antes. La imprenta facilitó el acceso a los libros, pero nos hizo olvidar el arte de la caligrafía; las pistolas y los fusiles multiplicaron exponencialmente nuestras posibilidades de defensa y agresión, pero relegaron a la irrelevancia el coraje personal del enfrentamiento con arma blanca; los analgésicos y la anestesia han disminuido genialmente los sufrimientos humanos (¡no consentiré ninguna objeción contra esos paliativos!), pero han convertido el mínimo dolor en insufrible por falta de costumbre; nuestra memoria personal disminuye al usarla cada vez menos, tanto como aumenta la de nuestros computadores, etc. Los usos y costumbres cambian de acuerdo con las prótesis mecánicas o farmacológicas con que nos ayudamos, pero el destino humano sigue siendo el mismo (solo que algunos consideran humano lo que padecieron en su juventud, pero inhumano y perverso lo que alivia su vejez). Alguna vez discutí amistosamente con Octavio Paz, que trataba de convencerme de lo estupendo que hubiera sido vivir en la Atenas de Pericles o el París de Diderot.

Yo insistía con total certeza en que ni aunque me garantizasen la compañía de los mayores sabios y santos querría haber vivido antes de la invención del cloroformo. Como soy muy torpe no echo de menos las artesanías ni otras habilidades rústicas; en todo caso añoro vagamente sin conocerlos los avances técnicos con los que no llegaré a familiarizarme antes de morir...

Algunos de mis conocidos viven preocupados por la vigilancia permanente que se ejerce sobre nosotros por medio de la tecnología. El móvil que llevamos encima a todas horas nos tiene siempre geolocalizados, de tal modo que la CIA o cualquier otra cofradía de no menor peligro sabe siempre a dónde vamos y de dónde venimos. Francamente, por lo que yo sé de esos preocupados personajes, no imagino qué interés pueden presentar para ningún servicio secreto sus idas y venidas. Un intelectual de cierto prestigio dio hace tiempo la voz de alarma: «¡Saben hasta qué número de pie calzamos!». Puede que yo sea un caso de despreocupación suicida, pero la verdad es que me inquieta poco que la CIA o la Interpol conozcan un dato que divulgo sin remilgos cada vez que voy a la zapatería... Un amigo guasón suele añadir con tono cauteloso cada vez que nos cuenta una cotillería de tono subido de alguien de nuestro entorno: «¡Y que esto no salga de la Unión Europea!». Casi todas las formas de paranoia son ganas de darse importancia... Los hay que se sulfuran por los anuncios de productos similares que nos llegan tras hacer una compra por internet. ¡Espían nuestros gustos! Pues sí, pero es para ayudarnos (en su beneficio, claro) a satisfacerlos. Compro muchos libros y películas en Amazon, excelente invento, y ellos me mandan información sobre obras que desconozco y que merecen la pena. Gracias a esos algoritmos bien encaminados descubrí a Serge Brussolo, cuyas novelas leo ahora de dos en dos, y no se me escapa ni una peli de tiburones o carreras de caballos, que me encantan. ¿Y encima voy a quejarme? ¡Venga ya!...

Leyendo lo que más me apetecía, viendo pelis antiguas de vaqueros, vampiros y otros temas ancestrales (me hice un ciclo con todo lo que pude encontrar de Fritz Lang que fue gloria bendita), la verdad es que la pandemia me estaba resultando muy soportable. De vez en cuando algún ser querido sufría la infección y debía preocuparme por él (uno de mis sobrinos la pilló dos veces, siempre de forma dolorosa y larga), pero no llegamos a tener bajas en nuestro equipo familiar. Mi mayor preocupación era que cuando llegasen los meses de verano no estuviésemos demasiado confinados para poder bañarme en la Concha, el mayor placer realmente sano que aún puedo permitirme. Por lo demás, me entretenía a ratos charlando por Zoom con amigos y seguidores, sobre todo de Hispanoamérica. Cierto día (me encantan estas fórmulas narrativas de cuento de hadas), una persona de confianza me propuso una charla por ese medio que ya había logrado dominar con una chica que tenía interés en hablar conmigo. Me apuntó dos o tres detalles favorables sobre ella y luego, de pasada, comentó: «Anda metida en eso del poliamor». Yo nunca había oído la palabreja. ¿Poliamor? Por un momento pensé que podía tratarse de un afecto desmedido por las fuerzas de seguridad... En cualquier caso, sonaba más prometedor que ser especialista en microbiología o tener afición a hacer ganchillo. De modo que acepté gustoso el encuentro audiovisual, incluso con un punto de expectativa picante, aunque no tanto como para vestirme formalmente para la ocasión. Aparecí en bata y sin arreglo especial de ningún tipo. Por cierto, tiempo después la interesada me afeó este descuido. Pero eso queda para el siguiente capítulo.

Capítulo 3

> Ruego por ser visto, [...] aunque de viejo muera, como un hombre necio y apasionado.
>
> W. B. Yeats

En cuestiones de sexo he sido como un taxi: solo voy cuando me llaman. Lo que despierta mi deseo es el deseo ajeno, lo cual tiene sus ventajas porque me excluye *a priori* del brutal escuadrón de los violadores. Nunca atropello ni me empeño en conquistar fortalezas amuralladas. Si tanto se defienden, ahí que les den. Cuando me aproximo a una mujer (en eso los hombres, por lo menos los que me suelen atraer a mí, son más emprendedores) cualquier teatralización del pudor o la desgana me desinfla radicalmente. Un poeta andaluz del siglo pasado escribió: «Me gustan las mujeres que se quitan las medias a patadas». Pues esas son también las que anhelo yo, aunque las medias clásicas se hayan hecho menos frecuentes, por no hablar de las ligas. Las quiero más hambrientas que yo para despertar mi apetito. Lo cual no ha facilitado mi ejecutoria erótica que, como a todos los varones que he conocido, me parece exigua... comparada con lo que yo me prometía. Me recuerdo como imbécil en cualquier ocasión de follar desperdiciada, aunque probablemente los recuerdos hacen parecer más favorables las situaciones de lo que en verdad fueron. Pero este vicio de mi imaginación (y no creo que haya órgano sexual más activo que la imaginación) me predispone hacia todas las féminas guarras y cachondas del mundo y me indispone con todas las mujeres decentes, sensatas y que ceden al apremio carnal, pero solo para empoderarse mejor del varón apremiante.

Por eso, me repelen todas las magnificaciones del consentimiento, el «solo sí es sí» y demás formas de castración ideológica propias del neofeminismo. Según esa mentalidad, la mujer está siempre a la espera de la iniciativa del varón, sea para decir sí o para decir no. La pobre está siempre expuesta a los apetitos del macho rijoso y su única conquista en nuestros tiempos emancipados es poder decir no en algunas ocasiones y poder mandar a chirona al que insiste pese a todo. Visto así, toda relación intersexual tiene algo de forzado, de impuesto. La mujer siempre recibe al hombre, abierta de capa o espada en ristre. Pero nunca va a buscarlo ni lo reclama. No hay nada más desolador para quienes no nos conformamos con que la mujer diga sí y queremos que antes haya dicho: «Ven». Ahora lo que prevalece bajo apodo de feminismo es el erotismo más anticuado y reaccionario que pueda imaginarse, inventado por mujeres que consideran a todos los hombres que las desean como violadores a los que hay que domesticar. No solo tienen una imaginación lesbiana sino morbosamente antimasculina. De hecho, para alguna ideóloga feminista todo coito encierra violencia sexual, idea que solo puede explicarse como psicopatológica. Estas chaladuras me recuerdan un chiste que vi hace muchos años en *Playboy*: en una anticuada cama con dosel se encuentra una pareja de mediana edad. Ella, rolliza y llena de lazos y tirabuzones, exhibe una pícara sonrisa de satisfacción; él, con grandes patillas y camisón decimonónico, la reprende escandalizado: *Female orgasm? Don't be ridiculous!* Tenemos funcionarias en el Ministerio de Igualdad, pilotado por la inefable Irene Montero, que harían buena pareja con esa especie de don Pantaleón del chiste. También otra mema, siempre dispuesta a salvar de sí mismas a quienes se pasarían muy a gusto sin tal servicio, llama a denunciar que en la red de contactos Tinder muchas mujeres —siempre ellas, pobres— se ven «forzadas» a tener relaciones sexuales. Terrible peligro que sin embargo no parece difícil de conjurar, dado que es fácil teclear «no» ante cualquier propuesta que no nos resulte deseable y aún más fácil es no entrar en Tinder si no se desean relaciones que complican la vida, aunque muchos y muchas las buscan con indudable apetito. Por supuesto, una de las lumbreras de servicio en *El País* se apresuró a corroborar los abusos de Tinder diciendo que minimizarlos invocando la santa voluntad de las «agredidas» era como justificar las violaciones porque la víctima llevaba minifalda. ¡Toma ya! Otra que solo necesita un bote para ser la tonta del ídem. Según ellas, las féminas obedientes al feminismo 2.0 no deben provocar el deseo del macho sino solo afrontarlo cuando se produce con resignación o, mejor, con rechazo. Para eso se han inventado los Satisfyer...

Es evidente que vivimos en plena cruzada contra la heterosexualidad, que ahora siempre resulta algo sospechosa y en el fondo poco digna para la mujer o quien se autodetermine como tal. No es demasiado extraño (aunque no me lo creo del todo) que según los siempre inventivos sociólogos los jóvenes estén hoy menos interesados en el sexo que antaño. Si las mujeres lo hacen coaccionadas y los varones por afán de dominio, es lógico que los tiernos idealistas se aparten de tan escabroso pasatiempo. Me alegro de haber crecido, madurado y hasta envejecido antes de la generalización de esos prejuicios. Lo único que siento ahora es que se me ha hecho tarde para sublevarme tanto como quisiera contra ellos. Pero volvamos al poliamor, cuyos vínculos con el desmedido cariño a la policía tuve pronto ocasión de descartar. La promiscuidad fue durante los años gazmoños del franquismo y bajo mi educación clerical lo suficientemente denostada como para que haya guardado un perenne encanto para mí. Mi única objeción es utilizar la palabra «amor» para este goloso vaivén sexual. O quizá sea la pasión romántica tal como yo la entiendo la que deba ser denominada de otra forma, más recatada y exclusiva... En cualquier caso, aunque coincidan en el tema de fondo, el sexo y el amor tratan de cosas distintas, lo mismo que sucede con la poesía lírica y un manual de obstetricia. Con mi mayor respeto, ni que decir tiene, para ambos géneros literarios...

De modo que finalmente mantuve mi Zoom con la enigmática poliamorosa que me recomendó aquel amigo. Como he dicho, yo aparecí en bata en pantalla, como suele ser mi costumbre reforzada por las pocas ocasiones de vestirme que brindaba el confinamiento que nos resguardaba de toda compañía social. Los viejos lo tenemos difícil: podemos disfrazarnos de jóvenes, lo cual prueba nuestra buena voluntad de seductores marchitos, pero no nos hace más apetecibles (que es, en un mundo ideal, de lo que se trata). O si no, podemos atrincherarnos en un *look* solemne y anticuado que quizá tenga algún interés para jóvenes estudiantes, según el criterio de la gran Agatha Christie, que optó por casarse con un arqueólogo porque es el tipo de hombre «que se interesa más por una a medida que envejecemos». Pero una bata de casa no pretende rejuvenecer ni tampoco impresionar con una elegancia apolillada, simplemente establece: «Estoy en mi casa, de modo que eres tú quien debe hacerse a la idea de que esto es lo que hay». Pero cuando la vi en pantalla, decidí que merecía todos los miramientos indumentarios que pudieran agradarla. K era graciosa, atractiva, rotunda de formas (lo que más me gusta), espontánea, más lista que el hambre pero no intelectual (no lo soporto) y trasegaba una cerveza tras otra con despreocupada impudicia. En nuestra charla —que empezó formal, con frases del tipo «Te he leído mucho», «Pues ¿qué es lo que más te gusta?»— no hablamos de ninguna cuestión ni remotamente erótica, pero a mí en ningún momento se me fueron las fantasías sexuales de la cabeza. Estaba seducido, ni más ni menos. Sobre todo, porque K no se parecía nada a Pelo Cohete (mucho más tarde descubrí que sí tenían algunas semejanzas... inesperadas) y eso garantizaba un atractivo inédito, que en cierta forma disculpaba que me refugiase en ella. La idea de buscar un reemplazo a mi amada perdida se me hacía intolerable, blasfema. Pero K era una historia completamente distinta, una pasión nueva que ni sustituía ni borraba la otra, la más mía, sino que repartía de nuevo las cartas para un juego diferente: era, si queremos decirlo así, no un nuevo plan de vida sino otra estrategia de supervivencia. Lo sorprendente es que llegaba en segundo lugar cuando debería haber sido la primera: ¿no hubiera sido lógico que el hechizo más carnal hubiera precedido al embeleso agridulce por el alma gemela? Pero la relación que planteaba mayor demanda física me llegó cuando mis fuerzas genésicas estaban en franca retirada (no así el apetito correspondiente, quiero subrayarlo), después de que hubiese disfrutado largo tiempo de un arrobo amoroso que me exigía un derroche sentimental, pero me racionaba la recompensa fisiológica..., lo cual me excitaba y frustraba al mismo tiempo. Y no esperen que me queje, porque cada cosa tiene su encanto y ahora que lo conozco todo ni en broma renunciaría a nada. ¡Qué bien se portaron ellas —todas, las dos principales y las más contingentes— y qué perpetua deuda de gratitud tengo con cada una! Aire, aire... me dieron el aire que he respirado y respiro todavía.

Después del Zoom, enseguida quedamos para almorzar. Fue en un restaurante mexicano de bonito nombre —Entre Suspiro y Suspiro— porque yo, que me he pasado media vida en México, y K, que no lo había pisado nunca, compartíamos la fascinación por ese país incomparable, por el tequila, por los corridos, por la danza de las calaveras... Mi intelecto es francés, mi pasión hípica es inglesa e irlandesa, pero mi carne ingobernable es mexicana: en lo demás discrepábamos bastante, pero en esto último enseguida K y yo nos pusimos de acuerdo. El almuerzo resultó muy picante, no solo por las especias típicas de esa cocina sino sobre todo por el ambiente erótico que reinó desde que entramos en el local. Suelo ser bastante tardo en estas lides, por miedo a interpretar mal las llamadas que me hacen: ¿y si no es deseo sino mera amabilidad lo que muestra por mí? Cuando la chica me atrae tanto como K, aún peor: ¿cómo semejante bombón va a sentirse colada por mí? Que yo le guste a una mujer suele parecerme mal síntoma, porque algún defecto tendrá cuando se contenta conmigo. Me gustan más las que se fijan en otros, esas son siempre las mejores: y si finalmente se van con ellos, lo que tantas veces ha pasado, alcanzan en mi imaginación húmeda categoría de leyendas. Nada me parece mayor garantía de la calidad de una beldad que el que no me haga ni puñetero caso o peor, que me diga las horrendas y escalofriantes palabras: «Te quiero, pero solo como amigo». Esta indecisión y esta tendencia a sabotearme a mí mismo me caracterizan desde la adolescencia, como a tantos y supongo que tantas. Pero ahora las cosas eran mucho peores. Para empezar, estaba con una mujer desprejuiciada que no ocultaba la jubilosa cadena de episodios amorosos de su vida (lo cual me la hacía aún más irresistible, nada me repele más que las pudibundas o las vírgenes vocacionales). Pero esa dama experimentada y, por decirlo de una vez, cachonda se las veía ahora con un anciano marcado a fuego por una inmensa desdicha que lo había dejado sentimentalmente desarbolado y por esa otra desdicha, la edad, que lo convertía en una sombra de su potencia (nunca hercúlea, para ser sinceros) de antaño. *Ombra mai fu...* en fin, con música de Händel suena mejor.

Pero nos entendimos, vaya que sí. Los margaritas y los tequilas y las cervezas (yo siempre Negra Modelo, la Naomi Campbell, como la llamábamos los amigos en México sin sentirnos culpables) cumplieron su alegre función de desatascar el alma acongojada y emancipar el cuerpo. Nos fuimos a mi casa y el convite se prolongó en la cama. Algo tiene de bueno la vejez en la liza erótica: sí, sí, no se rían. Uno ya no tiene el afán de demostrar nada ni de impresionar a nadie, le basta con ejercer la buena voluntad para hacer gozar y disfrutar lo que se pueda. ¡Bendito sea lo que queda cuando ya queda poco y quien nos acompaña no aspira al inefable frenesí sino a pasar un buen rato! K era estupenda, se las sabía todas y rentabilizaba mis modestos medios con mucho acierto. No entraré en detalles, es risible presumir de triunfos en batallas en las que la victoria consiste en atreverse a darlas. Solo diré que junto a K me sentí resucitar, Lázaro salió y mira que al pobrecillo le dábamos justificadamente por muerto y enterrado. ¡Milagro! Ella es una auténtica mujer, que sabe lo que hay que buscar y cómo buscarlo. No amé en ella solamente lo que tiene de hospitalaria, siguiendo el ejemplo de Antonio Machado, sino su entrega sin remilgos al gozo, que es lo que a mí me hace gozar. Lo que siento por ella es también amor aunque sea diferente de la pasión que me inspiraba Pelo Cohete: nunca volveré a tener con nadie la complicidad que nos unía, mi admiración inagotable por su inteligencia espontánea, limpia, noble, sin la mínima concesión a la vileza que todo lo permea. Cuando Pelo Cohete me sonreía y aceptaba lo que yo hacía —«Qué bueno, ¿no?»— sentía que Dios bajaba a verme y disculpaba con su bendición mis trampas e insuficiencias. Yo sé que en realidad no merezco salvarme, pero que si finalmente el juicio sobrenatural llega ella dará un paso al frente, me defenderá ante el tribunal decisivo y logrará rescatarme. Ni Dios se atreverá a contradecirla porque ella es pura hasta la ingenuidad, valiente y ha sufrido mucho. Me aterra la muerte (como a casi todos y más que a algunos), pero lo único que fantásticamente me alivia es imaginarla cerca de mí entre las sombras, tendiéndome su mano fresca y nerviosa para que pueda asirme a ella y no hundirme en la negrura sin retorno. No quiero cielo, la idea me aburre, ni por supuesto temo al infierno, esa ridiculez *gore*, sino que solo deseo volver a encontrarme con ella, que me regañe un poco por no haberme recortado la barba, «Mira que te lo he dicho», y luego irnos juntos del bracete, yo orgulloso y ella algo enfurruñada, mientras le digo: «Anda, ¿dónde quieres desayunar?».

A K no le pido tanto: ella, regalo inesperado, ha sido mi ancla de misericordia. Permitan que les explique ese término porque vivimos en un mundo fatuo donde todo lo esencial hay que explicarlo. Hasta los que leen solo leen lo que menos conviene, premios Nobel y cosas así. En los tiempos de la navegación a vela, hace siglos, se supone que los barcos llevaban un ancla de más, que no se utilizaba en los casos normales cuando el barco llegaba a puerto. Esa ancla se reservaba para casos desesperados, cuando la nave hubiese sufrido destrozos irreparables en la tormenta y se zarandease desarbolada a merced de las olas. Ya ingobernable, condenada a la destrucción a corto plazo, sus marineros lanzaban el ancla insólita como súplica al Dios de los Mares para que mostrase su misericordia sujetándola a algún punto estable y salvador. Ni la habilidad ni la experiencia ni siquiera la suerte caprichosa podía salvarlos ya, solo la misericordia que opera raras veces, cuando quiere y porque quiere: nadie se salva por sus méritos cuando ya está al final de la cuerda, solo si Dios tiende su mano y el ancla se engancha a lo inesperado. No es una muestra supersticiosa de fe en lo sobrenatural, sino un abrirse sin remilgos al trasfondo de lo más humano: porque ser humano es no renunciar nunca a ser salvado por la misericordia, aunque ni está ni se la espera. Con el título de *L'ancre de miséricorde* (traicionado por su traductor español como *El ancla de la esperanza*, cuando queda dicho que la misericordia es lo que viene cuando ya no hay esperanza) escribió el gran Pierre Mac Orlan una de las novelas inolvidables de la literatura francesa del siglo pasado. Con decirles que es algo así como un *remake* de *La isla del tesoro* de Robert Louis Stevenson, que no mejora la obra maestra del escocés (eso es imposible, afortunadamente), pero tampoco resulta indigna de ella, creo que su elogio ya está hecho. Pues bien, K fue la improbable roca en que prendió el ancla de misericordia que había lanzado al abismo que se abría para devorarme cuando murió Pelo Cohete. Sin darme cuenta, la lancé sin darme cuenta: si alguien me hubiese preguntado le habría dicho que yo navegaba sin esa ancla, que no esperaba misericordia y que me avergonzaría esperarla. ¡Menos mal que nadie nos hace caso, ni para lo bueno ni para lo malo! A eso llamamos, con cierto tembloroso optimismo, «Dios». En mi caso, el ancla no podía haber encontrado apoyo en ninguna variante de compañerismo espiritual porque eso ya lo tuve y estoy demasiado bien acostumbrado como para conformarme con una edición en rústica de lo que leí por primera vez en formato de lujo. No, el ancla se enganchó —¡y con qué solidez!— en la atracción sexual más descarada y con menos adornos exquisitos. A una edad impropia para tales hallazgos redescubrí la carne y la sacudida fue arrolladora. Como a alguien a quien acaban de sacar del mar sin señales de vida y el reanimador le da golpes en el plexo solar y masajes nada delicados sobre el corazón hasta lograr que vomite el agua que ha tragado y regrese a las obligaciones fisiológicas del mundo, así el apetito orgásmico funcionó para encender de nuevo la máquina que parecía ya irrecuperable. No desapareció el húmedo sudario de tristeza que es mi uniforme de diario desde que ella se fue, ni la ausencia dejó de punzarme hasta el desgarro cada pocas horas y con cualquier pretexto. Pero la línea del encefalograma ya no era plana y el corazón tocaba otra vez a rebato y yo volvía a sentir el vértigo y el desacompasado mareo que siempre he considerado característico de lo que se llama vida. De cabeza, adelante, sin consuelo ni remedio. Otra vez.

Mi sintonía con Pelo Cohete se basaba en la importancia que tenía para ambos la imaginación. Yo creo haber sido bastante racionalista, pero solo para fabricarme la base a partir de la cual imaginar. La parte más importante de mi vida, la mejor, la que hace que valga la pena lo demás, ha sido totalmente imaginaria: transcurrió leyendo relatos de aventuras, viendo inolvidables escenas de películas, gozando las hazañas de los grandes jinetes y sus corceles, disfrutando de los tebeos (ese bendito invento), ilustrando mentalmente los cuentos que me contaba mi madre o los sonoros poemas que me recitaba mi padre, inventando personajes con mis hermanos para transformarnos en héroes de la leyenda de nuestros juegos, refocilándome en fantasías masturbatorias casi preferibles a los coitos reales (que también se estimulaban con fantasías similares), soñando vívida y memorablemente cada noche... soñando. Soñando implacable y sin tregua, aunque fingiera despertarme cada mañana. En la mejor crónica que he leído de aventura africana —*El cazador blanco* de John Hunter— el autor narra el primer encuentro de un europeo con los pigmeos que vivían en la zona más inaccesible del Congo. Todo fue asombroso para esos descubridores de sus ignorados semejantes. Uno de los ancianos de la tribu pregunta al blanco si ellos también sueñan. Cuando el extranjero se lo confirma, el pigmeo asombrado confiesa que creía que solo ellos soñaban... A mí me pasa algo parecido, porque nunca he encontrado a nadie —empezando por el sabio Freud— para quien los sueños de cada noche tengan la importancia que tienen para mí.

Pelo Cohete era mucho más práctica que yo, tenía una inteligencia certera para asuntos cotidianos: nunca lamenté dejarme guiar por ella. Pero la imaginación ocupaba también el altar central de su vida. En su adolescencia y juventud había leído mucho, aunque más ensayo filosófico que novela (Platón, Dostoievski, Schopenhauer, Thomas Bernhard...). Pero después fue el cine lo que la poseyó. No se cansaba de ver películas, podía ver tres o cuatro cada tarde-noche. Y a nadie le he oído nunca explicar con tan nítida precisión, sin atisbo de pedantería o jerga académica, el sentido vital de cada film. Ahora que en mi soledad veo tanto cine antiguo recuerdo sus explicaciones y comentarios a cada paso como el verdadero *sabor* de las imágenes. Pero su fantasía era también creadora, como cuando fabricaba sus maravillosos muñecos que reproducían con emocionante precisión los personajes fantásticos de las películas de monstruos, vampiros y alienígenas que nos encantaban. Era día de fiesta cuando acababa uno particularmente logrado y llegaba a mi cuarto con él en las manos, pronunciando la jaculatoria triunfal: «A ver, este ¿dónde lo ponemos?». En nuestros últimos viajes juntos en busca de las guaridas de grandes escritores, vivía con pasión reverencial la búsqueda de autores que quizá nunca había leído, pero cuyo espíritu captaba de inmediato con solo ver un pórtico, un macizo de flores o el recodo de un arroyo. Coincidíamos sin necesidad de palabras en la admiración de todo lo que señalaba una aparición de lo insólito en el mundo de la prosaica realidad. Cuando yo estaba lejos de casa acompañado por gente seria y veía en un escaparate una bruja en su escoba o un ogro o un vampiro todo dientes fuera, inmediatamente les decía a mis acompañantes: «Un momento, voy a comprárselo a mi mujer». Me miraban entre espantados y burlones: ¿vas a llevarle *eso*? Y yo sonreía tímidamente encogiéndome de hombros, sin atreverme a decir que en mi lugar seguro que ella me lo habría comprado a mí.

Déjenme decir una palabra sobre similitudes y diferencias entre los humanos y los demás animales, un tema hoy machacado por los sentimentalismos más bobos y los materialismos más ramplones. Cuando se dice que el hombre es un animal racional, siempre aparecen voluntarios para aportar ejemplos de aparente (para ellos evidente) raciocinio entre los animales superiores: fabrican rudimentarias herramientas, transmiten ciertas prácticas a sus hijos, se comunican por una especie de lenguaje, hasta muestran esbozos de razonamiento lógico... Los hay que dudan más de la inteligencia de los seres humanos que de la de las bestias, sobre todo si ellos se ganan la vida con empleos zoológicos. Y ¿saben lo que les digo? Que al menos en parte están en lo cierto. En cuanto la razón se entiende como capacidad de tomar decisiones que resuelven o previenen problemas, es decir como una virtud práctica, los animales llamados no racionales dan muestras de poseerla de forma suficiente y a veces abundante. Probablemente no pueden afrontar situaciones demasiado insólitas (su capacidad de improvisar es limitada), pero cuando actúan para cubrir sus necesidades habituales se equivocan poco, en general menos que los humanos: eligen casi siempre el comportamiento más «racional» y menos caprichoso. De modo que empeñarse en buscar la superioridad de nuestra especie sobre las demás invocando el uso de la razón es un camino equivocado. Sin duda somos mucho más autónomamente racionales que el resto de los seres vivos, pero es una diferencia cuantitativa, no cualitativa. De hecho, la mayoría de nuestras debilidades prácticas no provienen de la falta de razón sino de su exceso: somos capaces de tanta racionalidad que nos sobra y no sabemos qué hacer con ella. Y por ahí podemos acercarnos a la verdadera diferencia específica entre animales humanos y no humanos. No consiste en que estos últimos carezcan de razón sino en que no tienen *imaginación*. Algunos zoólogos insisten en otorgársela, pero es que llaman así a la memoria de lo vivido, que indudablemente también los animales poseen. Sin embargo no debe confundirse la imaginación, que es fundamentalmente creadora, con la memoria, que almacena con más o menos modificaciones el repertorio de lo conocido. En ocasiones, como motivo de la acción, la imaginación se impone al raciocinio práctico, lo que no creo que ocurra a ningún animal.

El romo materialismo evolutivo no sabe qué hacer con la imaginación porque parece que no sirve para resolver ni prevenir problemas, más bien suele crearlos. Un neurocientífico destacado, el premio Nobel Gerald Edelman, pensaba que la imaginación es un epifenómeno, es decir, algo que sucede, pero que no sirve para nada: como el humo del fuego o el ruido del motor de un coche. Es un suceso sin sentido... según la neurociencia, aunque cualquier persona sensata concederá más sentido a la imaginación que a la neurociencia. Vamos, que la imaginación es un derroche, no una inversión. Si el sabio doctor Edelman hubiera diseñado el universo, se habría ahorrado el dispendio improductivo de la imaginación, tal como la Unión Europea prohíbe a sus miembros hacer gastos innecesarios. ¿No mejora el rendimiento práctico? ¡Suprímase! Los animales parecen llevar el derroche imaginativo *fuera*: en formas caprichosas, plumas multicolores, demostraciones excesivas y pintorescas, un gasto aparentemente desmedido que antes o después la biología evolutiva relaciona con cierta rentabilidad vital. Por dentro, en su ánimo, los animales son tan lógicos y pragmáticos como Peter Singer o cualquier otro pensador anglosajón. Pero los seres humanos llevamos nuestra sobreabundancia en el interior, multiplicando y combinando de mil maneras disparatadas los paisajes que vemos y las criaturas con que interactuamos. Tenemos que asumir nuestros límites para sobrevivir, pero una vez atendidas nuestras necesidades dejamos que se desborde nuestro ímpetu mental. Ya no sirve para nada, gracias a él emprendemos la rebelión diabólica: *Non serviam!* Lucifer es el santo patrono de la imaginación. Y ese desbordamiento añade una perspectiva no zoológica a placeres y dolores, sumándoles refinamiento estético, expectativa y sufrimiento. El tiempo es el principal hallazgo de la imaginación y el que configura el relato de nuestra vida, cuya esencia intransferible no compartimos con los otros seres vivos, momentáneos y presentistas. La exteriorización de lo imaginario es lo más propio de la humanidad, la creatividad poética y artística, el lujo de la existencia frente a la esclavitud de la necesidad. De la combinación de una razón capaz de manejar abstracciones con la imaginación creadora (por utilizar términos del gran Castoriadis) nace la libertad de conciencia que es el fundamento de la ética. Sin libertad de conciencia no hay derechos ni deberes éticos, y la mal llamada «moral» se reduce solo a un catálogo de estrategias evolutivas similares a comportamientos de los animales y —¿por qué no?— de las plantas. Con quien no entiende esto y se empeña en recordar la cantidad de ADN que compartimos con las ratas o la hermandad que tenemos todos los seres que padecemos indigestiones, más vale no rebajarse a discutir. Tanto más cuanto que hay también argumentos morales a favor de la imaginación. Creo que es cierto lo que dice Ramón Eder en uno de sus aforismos de *Los regalos del otoño*: «La maldad está relacionada con la falta de imaginación».

Todos los seres humanos tienen imaginación, aunque sea poquita, porque si no el calificativo de «humanos» les vendría grande. Tanto Pelo Cohete como yo padecimos o disfrutamos de una imaginación *extra-size* y fue en ese campo donde fuimos amantes y también peleamos. Fue por la imaginación por donde ella se escapaba de mí y yo no podía a veces alcanzarla carnalmente. Vivimos juntos en novelas y películas, no en negocios de tanto por ciento. Cuando la perdí supe de inmediato que nunca volvería a tener esa comunión con nadie. Y no me equivoqué. K tiene una imaginación sana y normal, lo que no pretende disminuirla, aunque quizá no desempeña un papel más relevante en su vida que alentar su inconformismo. No corre el peligro quijotesco de enloquecer a causa de sus lecturas novelescas y las películas de la época clásica le aburren por «antiguas»: prefiere las series, como manda la actualidad. Por supuesto, tiene otros muchos encantos que compensan a mis ojos esas discrepancias con las aficiones que sustentan mi vida. Lo único que me subleva de ella, si puedo hablar así de alguien a quien adoro y que tolera mis manías sin resignación pero con amabilidad, es su idealismo, con el que compensa su déficit imaginario, como ocurre frecuentemente. K cree en ideales positivos del mayor calibre, lo que la hace detestar (o al menos deplorar *personalmente*) las ficciones que desembocan en callejones pesimistas: es de las que hubieran protestado, como tantas en su época, porque Tolstói permite que Ana Karénina acabe entre las ruedas del tren. Y los relatos o pelis de terror le producen como es debido desagradables escalofríos, puesto que quien flaquea en la imaginación no disfruta con las imágenes crudas dado que todo lo entiende con realismo. Pero lo peor son los efectos políticos del idealismo. Verán, tanto K como Pelo Cohete son muy buenas personas. Tal como W. C. Fields consideraba borracho al que bebía más que él, tengo por bueno o buena a quien se porta de un modo cuyo desprendimiento o mansedumbre yo no sería capaz de alcanzar. Pues bien, puedo decir con absoluta sinceridad (y recuerden que si no quisiera ser sincero no estaría escribiendo este libro) que prácticamente todas las mujeres con las que he tenido una relación íntima en mi vida son o fueron mejores que yo. Y entre ellas Pelo Cohete y K han sido sin duda las que se han ganado el premio de excelencia. Ahora bien, Pelo Cohete venía de una infancia sumamente pobre y por tanto sentía una compasión infinita por los «pobrecillos» (como ella los llamaba): siempre estaba haciendo donaciones de cosas casi nuevas para los traperos de Emaús y recogiendo bolsas de comida para los bancos de alimentos. Su juvenil paso por ETA no tuvo nada que ver con el nacionalismo, sino con su temprana pasión por la justicia social. Pero no era ya fácil engañarla, porque por mucho que un partido o grupo político se proclamase de izquierdas descubría enseguida el postureo ávido de poder tras los eslóganes que prometían enmendar los abusos... de los demás. Juzgaba a las personas y a los colectivos por su ética, pero también por su estética: y desde luego abominaba de los separatismos, que siempre apoyan los derechos de los dueños del caserío contra los aparceros a los que se da trabajo por una necesidad que pretende disfrazarse de generosidad: hazme rico y yo te recompensaré pagándote la merienda, aunque tengas que renunciar a tus raíces comunes y a tu ciudadanía.

En cambio, K pertenece a la bienintencionada clase media baja que cree firmemente que estar a la izquierda de los socialistas es garantía de limpieza moral. Si alguien rompe con el capitalismo, ¿qué más se le puede pedir? Gracias a ese espejismo (bastante ridículo, todo hay que decirlo), una evidente estafa política como Podemos consiguió más de cuatro millones de votos, y alentó los movimientos más reaccionarios del país: separatistas, comunistas, psicópatas del sexo o la memoria histórica, etc. Cuando por fin dejé de hacer melindres y pedí el voto para Isabel Díaz Ayuso, K se enfadó mucho conmigo. Pero yo no me enfadé con ella porque probablemente, si no hubiera recibido el bautismo de fuego en Euskadi sobre lo nefasta que puede ser la izquierda a poco que la dejen, quizá también habría terminado votando por alguna de las retóricas filiales comunistas de rostro amable y resultados nulos que tenemos por todas partes en este país. A mí me han curado del izquierdismo a palos, por decirlo así: otros no han tenido esa «suerte» ni han necesitado —¡benditos ellos!— semejante tratamiento. Como he dicho, K es buena, libre, cachonda y además no se interesa demasiado por la política... salvo en su manía de detestar a Isabel Díaz Ayuso. Puede que antes o después se le pase esa fobia o no, da igual: seguiré queriéndola y agradeciendo lo mucho que me ha dado. Y seguro que nunca la veré entusiasmarse con espejismos criminógenos porque es demasiado decente y demasiado lista para eso. Pero en tantas ocasiones políticas como he vivido y tantas actitudes cerriles en personas que deberían pensar mejor que he presenciado no puedo dejar de acordarme con fiera nostalgia de mi Pelo Cohete... Sobre la idolatría izquierdista aún mayoritaria en España incluso entre quienes sienten escasa simpatía por el indefendible Pedro Sánchez, tengo escrito este artículo reciente publicado en *The Objective* y que titulé sarcásticamente «Sopa de ganso».

> George Borrow, don Jorgito el Inglés, fue uno de los enamorados de España más pintorescos del siglo XIX (él creía que los pintorescos eran los españoles, como suele pasar). Recorrió nuestro país repartiendo biblias y haciendo proselitismo protestante, lo que le permitió escribir *La Biblia en España*, un retrato divertido, a veces perspicaz y otras disparatado de aquellos compatriotas. Entre las mil anécdotas que cuenta, hay una que prefiero y que revela la pertinacia de alguno de nuestros rasgos de carácter. En su peregrinar misionero, Borrow se

acercó a un campesino que no sabía mucho de letras y que por tanto prestó poco interés al ejemplar de la Biblia. El inglés comenzó su sermón proselitista pero el labriego cortó su elocuencia: «Mire usted, don Inglés, yo no creo en la religión católica, que es la verdadera, de modo que mucho menos voy a creer en esa suya, que es falsa». Así se acababa en el siglo XIX con las *fake news.*

A veces me siento como don Jorgito cuando intento hablar de política con mis conciudadanos. Aunque estén decepcionados de los políticos de izquierdas y sus turbios cambalaches, nunca aceptarán ninguna idea que venga de la derecha por eficaz que resulte. La izquierda es la verdad, todo el mundo lo sabe, y un español si es ateo será ateo católico y de izquierdas: la derecha representa irremediablemente el error y el mal, como el protestantismo, y no digamos la extrema derecha (de Isabel Díaz Ayuso prefiero no hablar). Los españoles, como descubrió Borrow, son tan feligreses cuando creen como cuando no creen. Solo conocen una razón para la apostasía: castigar a sus correligionarios. Si se hacen protestantes será para fastidiar a los católicos, indignos de su fe auténtica; y lo mismo cuando voten a la derecha, para que aprenda la izquierda que no basta tener razón. De momento ya hay bastantes españoles de izquierdas (como todos) con ganas de dar un escarmiento a los izquierdistas reinantes, pero por desgracia aún no los suficientes. Aclaremos una cosa: las personas de izquierdas en España no viven de manera fundamentalmente distinta de las de derechas. Buscan su provecho y el de su familia, tienen claros sus derechos y dudan de sus obligaciones, rehúyen el bulto si enfrentarse a las injusticias gubernamentales comporta riesgos, quieren lo mejor para todos, pero sin sacrificios personales... Hay entre ellos personas solidarias y abnegadas (vivimos en un país cristiano, por suerte), pero no en mayor número que entre la gente de derechas. La diferencia fundamental es que, llegado el momento, unos votan a los candidatos que se presentan como de izquierdas y están seguros de que ese gesto borra los pecados políticos de su alma. El mayor mérito de la izquierda resulta ser que impide gobernar a la derecha, lo cual es un gran logro: porque aunque los gobiernos de izquierdas cometan los mismos errores y abusos (¡o más!) que los otros, lo hacen de manera involuntaria, forzados por las circunstancias o engañados por indeseables en sus filas; en cambio, los gobernantes de derechas cometen sus atropellos con deliberación y deleite y si parece que aciertan en algo es porque aún no han revelado sus verdaderas intenciones. La buena voluntad siempre disculpa las estupideces y mangoneos de la izquierda, mientras que el perverso afán de lucro contamina todo lo que la derecha promueve, aunque sea repartir a los niños regalos de navidad.

En España (que incluye y con privilegios al País Vasco y Cataluña) el carlismo representa desde el siglo XIX esa amenaza reaccionaria de la extrema derecha que tanto preocupa hoy a los espantados por Vox. No hay ideología política más contraria a los valores progresistas que el separatismo que subvierte la igualdad entre los ciudadanos y apoya el descarado egoísmo colectivo de las regiones, además de convertir a los vecinos en extranjeros en su propio país. Pues resulta que la izquierda ha descubierto en el separatismo unos aliados inapreciables. Y desde luego Pedro Sánchez confía en ellos para perpetuarse en el poder que las urnas le regatean, pagando el precio que haga falta por indecente que sea en amnistía y concesiones fragmentadoras. Los medios informativos como *El País* o la SER, que pudieron llamarse un día herederos de la Ilustración, pero hoy son sencillamente gubernamentales, bautizan como coaliciones «progresistas» a la impía amalgama entre socialistas del oportunismo, separatistas fanáticos o aprovechados, deudores del dinero extranjero que viene de los financiadores más repugnantes, etc. Y gran parte de los votantes, tan dóciles a la feligresía como el campesino analfabeto que rechazó a Borrow, están convencidos de que han salvado a España de los tentáculos del capitalismo internacional. La verdad es que resulta difícil ilusionarse por las biblias que hoy venden en España...

En nuestro primer año juntos, recién salidos del enclaustramiento de la covid y deseosos de pasear nuestra euforia erótica, K y yo viajamos mucho. Empezando por la estancia de un delicioso fin de semana en Hendaya, una villa a la que nunca había prestado mucha atención por estar demasiado cercana a la frontera española. Durante mi niñez, fue la primera etapa siempre apresurada del viaje de fin de semana a las prestigiosas Biarritz y Bayona, donde me compraban mis tebeos de Tintín y mis novelas de Bob Morane (mi madre exigía que yo entrase en la librería y muerto de vergüenza las pidiese en francés). Más adelante la playa de Biarritz me ofreció el inolvidable e inolvidado espectáculo de los primeros bikinis de mi vida, proscritos como auténticos atentados a la virtud en mi remilgada y querida playa de la Concha. Por ver un par de buenas tetas (pero ¿las había malas?) yo habría hecho entonces una peregrinación descalzo de varios kilómetros sobre zarzas ardientes, como devotos más castos las hicieron durante siglos hacia ermitas de vírgenes milagrosas para solicitar otro tipo de mercedes. Después fuimos a París, sin pretexto alguno porque todos los enamorados y los que buscan enamorarse deben ir a París, aunque mi segunda razón (también amorosa) era ver en Longchamp las carreras preparatorias del premio Arco del Triunfo, uno de los *highlights* del calendario para mí. Llevé al hipódromo a K, como he solido hacer con amigas, novias, esposas, amantes, etc., a lo largo de mi romántica vida y también (salvo en el caso de Pelo Cohete, fotógrafa entusiasta y sobre todo entusiasta de mi entusiasmo) con escaso éxito. Si yo no hubiera admirado a las mujeres por tantos motivos apasionados, las habría considerado seres inferiores por su poca atención a las carreras de caballos... Para ser justo, conozco féminas que rescatan el honor de su sexo a este respecto, como mi amiga Francis Korn o la mismísima reina Isabel II de Inglaterra, pero mentiría si dijese que puedo contarlas en la lista de mis parejas amorosas. Por supuesto, el París que compartí con K no fue solo el de los forofos del *turf*: fuimos a mis restaurantes de toda la vida, desde los más modestos y entrañables como Polidor o La Tourelle hasta los que desafían mi presupuesto como Chez Allard (donde ella se prendó de un gallardo camarero y le gratificó con las más lánguidas caídas de ojos, lo que celebré como una actitud típicamente parisina). Como ya he dicho, y si no ha llegado la hora de decirlo, ya no tengo edad para ser celoso. Y es una de las pocas razones que hacen la vejez divertida, todo sea alegremente dicho.

También fuimos a Milán, porque no puedo planear viajes enamorado sin pensar inmediatamente en Italia. Qué bien comimos, qué bien bebimos y cuánto... y qué bien lo pasamos viendo las obras maestras de la Pinacoteca de Brera y de la Ambrosiana, donde exhiben el *Cesto de frutas* de Caravaggio, uno de mis cuadros favoritos, que mostré a K con pueril orgullo, casi como si lo hubiera pintado yo. Nuestra travesía más arriesgada nos llevó a Oaxaca. Éramos enamorados en olor de México, ese olor que K presentía, pero nunca había disfrutado presencialmente y que en cambio forma parte imborrable de mi vida. Aprovechando que la Feria del Libro de Oaxaca tiene lugar a finales de octubre y justo antes del Día de Muertos y sus fastos populares, mi amiga Angelina Peralta —siempre eficaz y diligente— me gestionó una charla que financiase nuestro viaje. Y allá que nos fuimos, dispuestos a desfilar con todas las calaveras churreteadas que se dejaran acompañar y desde luego a acabar con el mezcal que por allí corriese. De esos días guardo nublados recuerdos porque el mayor consumo de mezcales varios me correspondió a mí, ya que K prefirió el tequila, pero nunca olvidaré (además tengo testimonio fotográfico) la deliciosa transformación en máscara apeteciblemente fúnebre que una maquilladora en nuestro hotel le hizo a K. Si esa es la cara de la muerte, que venga cuando quiera.

De todas nuestras escapadas juntos, la más bonita fue planeada por ella. Pasó en las primeras navidades que celebramos en mutua compañía. Fechas abrumadoras las navidades, ya lo saben ustedes, para quienes tenemos «el corazón dolorosamente cargado», como dijo el doctor al escuchar los trágicos suspiros de lady Macbeth. En una época remota el año entero era para mí un pórtico ansioso de las navidades (qué sugestivo es ese plural familiar, como si quisiéramos que hubiera muchas navidades y no una sola), hoy las veo acercarse como la convocatoria de una asamblea de espectros cruelmente sentimentales. Nadie sobrevive a sus pérdidas, aunque los más bobos lo crean porque ser idiota es una bendición, como vivir anestesiado. En cambio, K, por suerte para ella, no tiene ausencias que la apesadumbren sino, al contrario, una prolífica y polícroma familia en la que en todo caso sobra gente más que falta. Era nuestro primer año juntos en esa fecha peligrosa y yo me empezaba a angustiar melodramáticamente, como es mi deplorable costumbre. Estábamos en San Sebastián, mi Disneylandia espiritual, de donde jamás saldré, vaya a donde vaya. Entonces K me anunció que iba a hacerme un regalo sorpresa por tan señaladas fiestas. ¡Aaah, bueno, a ver!, dije yo como quien se dispone a fingir entusiasmo ante el obsequio pueril de un niño. Ella rodeó el asunto de todo tipo de trámites misteriosos: te dejaré un mensaje en clave que tendrás que descifrar, luego deberás ir a tal o cual sitio para encontrar otra pista, etc. Finalmente llegué a la puerta del hotel Londres, a cien pasos de mi casa. En alguna de las largas charlas que solíamos tener en la cocina al final de la jornada, ella practicando el tequila y yo el whisky, le había declarado mi fascinación por ese emblemático hotel donostiarra en el que cuenta la leyenda que se alojó Mata Hari (y tiene una suntuosa suite que lleva su nombre).

Deploré la obviedad de que fuese un alojamiento vedado para mí precisamente porque la mayor parte de mi vida había transcurrido junto a él y la gracia de los hoteles es que nos alberguen lejos de casa y no en la puerta de al lado. Pues bien, el regalo de K —bendita sea entre todas las mujeres— consistía en una noche en una soberbia habitación del Londres, con un balcón que regalaba la mejor vista de la Concha que pueda imaginarse, capaz de conmover mi alma *ñoñostiarra* como si nunca hubiera visto ese paisaje. De verdad, se me humedecieron los ojos al asomarme. Y además se había encargado de traer mi vaso preferido para tomar el whisky, y el propio whisky, claro, junto a fruslerías para picar y todo lo necesario para una noche bien provista y pecadora, porque sabía que yo quería pecar con ella, pero soy de los que prefieren pecar en casa si es posible y a veces no resulta fácil en un hotel extraño, tan desconocido que se le pasan a uno hasta las ganas de pecar. Afortunadamente, el Londres era casi tan familiar como mi propio dormitorio, pero con el fantasma de Mata Hari para añadirle picante. Y la Concha, refulgiendo en el paisaje nocturno como un amparo y una tentación. Refugiarme en la tentación, lo que siempre he querido y conseguido pocas veces. Pasamos una noche deliciosa, bebiendo mucho, picoteando, riendo por tonterías (que son lo único que a una persona seria debe hacer reír) y en otros menesteres cariñosos que dejo a la sin duda favorable imaginación del lector. Sí, eso pasó, eso mismo. Y al día siguiente desayunamos como solo se desayuna en los buenos hoteles... después de una excelente noche.

Capítulo 4

> El espíritu es un momento de la respuesta del cuerpo al mundo.
>
> Paul Valéry

Creo que un importante síntoma de madurez es ser capaz de reconocer los vicios que nos son más favorables. Los vicios, como es sabido, son atajos placenteros que desembocan finalmente en la autodestrucción. Algunos arramplan en el camino con nuestras mejores capacidades, bloquean nuestra habilidad o inventiva, sabotean lo más gratificante de nuestras relaciones humanas. Otros, a fin de cuentas no menos letales, potencian nuestra actividad y la agilizan artificialmente, realzándola como si fuera fosforescente en las inevitables tinieblas de la vida. No destruyen nuestros vínculos con los demás, sino que hacen algunos más interesantes, aunque descartan otros: permiten el amor.

Por supuesto, es pueril preguntar a los demás, a los expertos o especialistas, qué vicios no nos convienen: podemos conocer sus efectos físicos o psicológicos generales en obras de consulta, pero así no aprenderemos nunca de verdad si la corrosión que producen en nosotros es compensada por la dosis de energía, lucidez o bienestar que nos aportan. En griego clásico la misma palabra, *farmakos*, sirve para nombrar la medicina y el veneno. Cualquiera que haya vivido lo suficiente y con la debida atención experimental sabe lo acertado de esta homonimia. Una misma sustancia o una misma práctica puede ser para unos medicina y para otros veneno (lo mismo que ese rostro indescifrable que dibuja el conjunto de nuestros pasos en el mundo, según Borges, se revela al final de los tiempos para unos infierno y para otros paraíso). Yo añadiría que la dosis suficiente o excesiva puede marcar la diferencia. Desde luego, el que no tiene nada que enseñar a nadie, ni siquiera a sí mismo es el abstemio, al que Ambrose Bierce, en su imprescindible *Diccionario del diablo*, definió como «persona de carácter débil que cede a la tentación de privarse de un placer».

Aunque he probado la mayor parte de las drogas al alcance de un europeo en los años sesenta, setenta y ochenta del pasado siglo (lo digo sin vanagloria ni vergüenza), mi pócima mágica, en cuya caldera caí de pequeño como Obélix, es el alcohol, en sus pluriformes y benditas advocaciones. La verdad es que he sido borracho desde pequeño. Y tuve la suerte de crecer en una época menos inquisitorial que la presente y en una familia, conservadora y religiosa como es debido, pero que no consideraba la bebida como una maldición bíblica. Mis padres no creían que beber fuese malo y por tanto no nos previnieron contra el alcohol como si fuera uno de los peores enemigos del cuerpo y del alma. Recuerdo a mi padre fabricando artesanalmente sifón en su despacho, después de las horas de oficina, con unas cápsulas cilíndricas que se enfriaban hasta la congelación por no sé qué milagro, las cuales introducía en una botella metálica donde el agua se llenaba de burbujas gaseosas. Mi padre, que tras su apariencia seria era muy juguetón, exageraba dramáticamente los riesgos de explosión del experimento. El sifón así conseguido, que entonces no sé por qué no compraba sencillamente en la tienda, aunque ahora ya apenas se encuentra, era para mezclarlo con el whisky, su reconstituyente favorito. Todas las tardes se preparaba su trago largo como alivio del día y lo bebía ante mí sin remilgos ni excesos. Ahí estaba el busilis de la cuestión: en el exceso. Beber no era malo, animaba, alegraba al hombre (y a la mujer, claro), lo malo era el abuso; pero ¿en qué consistía el abuso? Por lo que yo entendía, en no poder atender a las tareas cotidianas por culpa de la modorra etílica. Consiste en no calcular bien, como quien pone la sartén en el fuego demasiado rato y se le quema el filete. En el fondo, beber demasiado es beber más de lo que uno quisiera beber, hasta que el filete queda incomible. Estoy de acuerdo, soy fiel a lo que me enseñaron aunque mi criterio de «abuso» es más laxo que el de mis padres: admite incluso la ocasional modorra y el lánguido abandono de las actividades productivas para disfrutar del nirvana etílico. No todos los días, claro, porque emborracharse todos los días resulta aburrido y de mal gusto. No creo en el demonio que gradualmente se apodera de ti, haciéndote beber más y más: el verdadero demonio está ya en ti desde antes de probar una gota de alcohol, se llama pereza, afán suicida, enemistad con lo que uno es por radiante que parezca. Luego, después de zarandearte bien, el demonio te hace beber como al canario se le da alpiste, no para que dejes de ser lo que eres sino para que te resignes a ello...

No recomendaría a nadie darse a la bebida, porque hay gente a la que le sienta fatal y acabará destruyéndose. Pero también hay quien se destruye con la religión, la política, el afán artístico o, más frecuentemente, la búsqueda incompetente del amor. En mi caso, incluso aunque una inoportuna cirrosis me pase finalmente factura, el balance de mi vida de bebedor será siempre definitivamente positivo. Nunca me oiréis maldecir a gritos el alcohol sino pedir otra copa. No me atrevería a sostener que esa poción mágica, que a veces estimula y otras calma, haya mejorado mi escritura pero ciertamente la ha posibilitado. Es cierto que si nos equivocamos en la dosis la bebida puede impedirnos cualquier tarea, pero bien medida nos dispone a hacer grandes cosas... o cosas no tan grandes, pero que nos lo parecerán después de haber bebido. Para dar una charla (he dado demasiadas en mi vida) no necesito mucha bibliografía, pero sí un par de whiskies. Y Lichtenberg señaló que nunca sabremos cuántos grandes versos de Shakespeare se deben a un vaso de vino tomado a tiempo. No una botella entera, sino un vaso o dos. Aunque podrían ser más... En fin, recuerdo que mi sabio amigo Antonio Escohotado siempre repetía que no hay venenos, solo dosis. En cantidad inadecuada puede ser letal hasta la tortilla de patatas. Me parece una evidencia frecuentemente desatendida por los prohibicionistas que no conocen el uso sino solo el abuso, o los trasgresores a los que afecta el mismo error, pero en sentido opuesto. En cuanto a los efectos positivos de las bebidas alcohólicas, nadie los glosó mejor que Falstaff refiriéndose al jerez: «Un buen jarro de jerez hace un doble efecto. Me asciende al cerebro, diseca allí todos los tontos, obtusos y agrios vapores que lo rodean, lo hace sagaz, vivo, inventivo, lleno de ligeras, ardientes y deliciosas formas, que, entregadas a la voz, la lengua, que les da vida, se convierten en excelente espíritu». Shakespeare menciona aquí la voz y la lengua, pero es indudable que también puede aplicarse a la escritura, como seguramente bien sabía él mismo: hay cosas de las que no puede hablarse tan acertadamente sin una experiencia personal... En los diarios de Patricia Highsmith se encuentran pasajes excelentes sobre las razones por las que beben los escritores (los escritores que saben beber, claro) y en general me reconozco bastante en ellas. Aunque en mi caso sería hipócrita convertir la afición a la bebida en una enfermedad profesional porque estoy seguro de que si no escribiera también me emborracharía.

Pero nó pretendo ser un misionero de los beneficios del alcohol, es algo que no haría ni borracho, ni siquiera soy un *coach* para aspirantes a la *sobria ebrietas* que recomendaba ocasionalmente Séneca. Lo que quiero es ambientar debidamente un curioso episodio clínico que voy a contarles. Como cualquier otro borracho habitual, estoy acostumbrado a lo que podríamos llamar, con evidente pedantería exculpatoria, «estados de conciencia alterados» (vulgo: una trompa como un piano). Es decir, que los sentidos nos engañen, que la lengua se embarulle, que la memoria confunda lo real con lo ilusorio y que, podríamos decir, habitemos como invitados en una demencia transitoria. Ese rapto mental dura solamente lo que tiene que durar: como célebremente recordó Churchill a la señora poco agraciada que le llamó borracho: «Mañana a mí se me habrá pasado la borrachera, pero usted seguirá siendo fea». Lo mismo podríamos decirle los ebrios al mundo: mañana yo me despertaré sobrio y tú, ay, seguirás siendo tan horrible como siempre que te veo sin el velo embellecedor del alcohol. En cualquier caso, sabemos que la obnubilación de la curda tiene fecha de caducidad. Según me dicen, hay gente que sea por inexperiencia sea por optimismo no se dan cuenta de que están borrachos aunque gocen de una melopea fenomenal. No tengo tanta suerte: desde la primera copa de más me doy cuenta de que ya piso arenas movedizas. Reconozco que no soy borracho por descuido, sino porque quiero: cuando he comenzado a pasarme de tragos sigo no por inconsciencia sino porque me gusta. Como le respondía Jean-Paul Sartre a Simone de Beauvoir cuando esta le reprochaba su afición a la botella: *C'est agreáble!* Supongo que Simone lo comprendía porque bebía tanto como él... De modo que estoy acostumbrado a verme desde fuera en los momentos de invasión etílica, a juzgar con más o menos objetividad mi estado y a no dejarme arrastrar más allá de ciertos límites. Nunca pierdo del todo las riendas del fogoso potro que me lleva a donde quiere..., pero no del todo sin mi permiso. Por tanto, miro con cierta conmiseración a quienes cuando beben demasiado se olvidan de lo que son, de lo que hacen y de lo que quieren. A veces pienso con impiedad (aunque siempre para mi coleto, nunca en voz alta): «Este no debería beber porque no sabe». Y de una cosa a la otra: no comprendo a los totalmente poseídos por el furor dionisíaco, ni consigo envidiarlos. Y por tanto, soy incapaz de imaginarme habiendo perdido totalmente mis coordenadas racionales, las que nos sitúan en el espacio y en el tiempo. Por eso me cogió tan desprevenido volverme loco...

Yo estaba en San Sebastián, planeando un viaje a Madrid para una charla en el Instituto Francés sobre una de mis películas favoritas, *Casque d'or* de Jacques Becker. Y como añadido gratificante podría ver a K y compartir con ella una jornada de *jambes dans l'air,* o sea lo que traducido viene a ser un revolcón. Eran los primeros meses de nuestra relación, yo estaba completamente salido y ella no ponía pegas a mis apremios. Como remate de mi viaje, acepté muy gustoso cenar con el embajador francés después de la proyección de la película seguida de mi charla. No sé bien por qué, pero noté que concedía una importancia desproporcionada a mi compromiso con el embajador. Puede que eso fuera un primer aviso de que algo no marchaba como es debido. Durante el vuelo a Madrid me notaba constipado y con cierta destemplanza, bajo mi mascarilla obligatoria. Pero soy poco aprensivo y ni siquiera pensé en la covid. ¡Cómo iba a contagiarme si apenas veía a nadie ni salía a la calle! Nada más llegar a casa llamé a K y muy contento me metí en la cama para descansar un rato. Preferí saltarme el almuerzo, no tenía ganas de comer sino de lo otro. ¿Yo, inapetente? Otra señal alarmante y también desatendida... Un par de horas después apareció K, pimpante, apetecible como un baño de madrugada en el Caribe y algo borrachita: para comérsela. Yo estaba medio dormido, pero me espabilé enseguida y puse manos a la obra (obra que no era *opus Dei*, precisamente). Ella comenzó respondiendo muy bien dispuesta, pero pronto se dio cuenta de que algo me pasaba. Algo que no se explicaba por la simple y honrada lujuria. Creo que si la naturaleza, esa madrastra atroz, no hubiera hecho a las mujeres más vitalmente inteligentes que los hombres, la especie humana habría desaparecido hace siglos. Pero como es cruel e implacable, las hizo capaces de compensar el ofuscamiento suicida de los varones y como resultado aquí estamos, mal que nos pese. «Estás un poco malito, ¿verdad? —me dijo K, acariciándome de forma irresistible—. Yo creo que tienes algo de fiebre». Protesté, dije que no era nada, que estaba como un roble... sobre todo de cintura para abajo. Pero ella, con dulces carantoñas, me hizo desistir y me puso en posición de reposo. «Hala, relájate, mañana vuelvo y estarás mejor». Cedí, porque lo único más irresistible que una mujer que nos folla es una mujer que nos cuida. Ella se fue, tan discretamente que ni siquiera oí la puerta de la calle, y yo me quedé dormido enseguida. Y dormí, dormí, venga a dormir...

Cuando me desperté me sentí confuso y agitado, como si siguiera soñando. Como no me encontraba del todo bien, pensé que no podría dar la charla en el Instituto Francés, que por otra parte no recordaba bien qué día era. Pero lo que no podía de ningún modo perderme era el almuerzo con el embajador francés (lo que al principio iba a ser una cena se había convertido en un almuerzo, no sé cuándo ni por qué). A ese almuerzo tenía que ir como fuese y allí explicaría al señor embajador por qué no podía dar la charla sobre la película de Becker. Miraba con frecuencia el reloj, pero tampoco la hora exacta me parecía fácil de determinar. Sentía ese desasosiego de extrañeza propio de los sueños y por otro lado la convicción de la urgencia, de que no debía distraerme y olvidar mis obligaciones. ¡Qué pensaría el señor embajador de mí si faltaba a mi compromiso! Me vestí con cuidado y aseo, porque la ocasión lo requería. Elegí una corbata sobria y digna, no una de esas de colorines y caballitos que suelo ponerme para ir al Derby. Era la ocasión de ponerme una corbata de embajada. Entonces me acordé de mi Pelo Cohete, que siempre que nos invitaban a comer a una embajada violaba el protocolo y los cartoncitos que marcaban el sitio de cada cual y se sentaba desafiantemente a mi lado. Ahora debía ir solo porque ella ya no estaba... Me senté en la cama, a medio vestir, con la corbata en la mano y estuve llorando con fuertes sollozos un rato. Después, acabé mi atuendo. Volví a consultar mi reloj: la una y cuarto. Yo había decidido que el señor embajador comería seguramente a las dos y media. No era una hora muy francesa de almorzar, desde luego, pero el embajador habría adoptado las costumbres locales: a donde fueres, haz lo que vieres pensé, sonriendo tolerantemente. Me parecía saberlo de forma incontrovertible, igual que sabemos las cosas en los sueños. Como aún era pronto, decidí esperar un rato antes de salir. Había buscado la dirección de la embajada en Google. Debí de dar una cabezada porque me desperté sobresaltado y el reloj casi marcaba las dos. ¡A ver si al final iba a llegar tarde! Bajé a la calle y entré en una noche de mayo madrileña, templada pero definitivamente oscura. ¿Por qué estaba tan oscuro a las dos? Por una parte, me extrañó, pero por otra lo tomé como una especie de reto. Muy bien, estaba oscuro como si fuera de noche, ¿y qué? No era culpa mía ni nada que yo tuviera que arreglar. Ahora lo importante era acudir a mi cita y quizá luego el embajador me explicase por qué estaba tan oscuro (y la ciudad casi vacía, como de madrugada) a la hora del almuerzo. Yo tenía la sensación punzante de que algo no iba bien, de que el tiempo y la ciudad se equivocaban, pero por otra parte se imponía la evidencia de que eso era lo que había, la oscuridad, las calles en silencio y el reloj que marcaba sin arrepentimiento las dos. ¡Las dos y seguramente el embajador esperando, amable pero algo inquieto, con todas las luces de la embajada encendidas! Cuando me dejó ante la gran puerta metálica en la calle desierta, el taxista me preguntó si quería que me esperase. Lo descarté con una sonrisa, qué ocurrencia: «No, no, gracias. Vengo a una comida». Mientras me cobraba, él me miraba según creo entre irónico y compasivo, como diciendo: «Lo que yo me temía». La sede diplomática no podía presentar un aspecto menos acogedor a esas horas (las dos y cuarto de la madrugada, como ustedes habrán supuesto ya). Llamé al interfono y cuando respondieron preguntando quién era y qué quería, repuse sin vacilar: «Soy Fernando Savater y vengo al almuerzo con el señor embajador». Se abrió una entrada y me recibieron dos guardias civiles. El sargento me saludó muy castrense y buscó mi nombre en un voluminoso registro, con toda seriedad y cortesía, como si las apariciones de madrugada para comer con el embajador fuesen cosas de todos los días. Naturalmente, no encontró mi nombre en su vademécum y pareció desolado, porque yo insistía. Luego, en tono confidencial: «Mire, la verdad, un almuerzo a esta hora. Yo no sé. Quizá haya algún malentendido, ¿no?». Ahora toca decir que, como tantos españoles y más si somos vascos y recordamos cuánto les debemos, tengo un respeto y un afecto ineludibles por la Guardia Civil. Si ustedes quieren decir que es una transferencia del respeto al padre, pues adelante, díganlo. Siempre se quedarán cortos. De modo que oí las palabras corteses del sargento casi con alivio, como una exculpación. «¿Usted cree que puede haber un malentendido? Porque no quisiera que el señor embajador...». «Nada, tranquilo —repuso él—. Le digo yo que esto va a ser un malentendido. Seguro que el señor embajador también lo ve así. Mire, ¿sabe lo que le aconsejo? Que ahora se vaya a su casa tranquilamente, se eche un rato y mañana llame a la embajada y verá como todo se aclara». «Pues muchas gracias, eso es lo que voy a hacer», dije, aliviado. Si no llega a ser por mi respeto a la Guardia Civil, quizá las cosas no hubieran ido de forma tan armoniosa. Pero insisto en que, a pesar de lo disparatado de la situación, nunca he sido tratado con más comprensión y humanidad. De modo que, una y mil veces ¡viva la Guardia Civil!

Volví a casa y me acosté: seguía con la vaga sensación de que algo iba mal y, por otra parte, convencido de que estaba haciendo lo que tenía que hacer. A las nueve de la mañana del día siguiente me había comprometido a conceder a Carlos Alsina, en Onda Cero, una breve entrevista sobre una manifestación antigubernamental que preparábamos para dentro de diez días. Dormí bien, como acostumbro (creo haber dicho ya que, sean cuales fueren las circunstancias, duermo culpablemente bien), pero siempre con una vaga impresión de *barullo,* tanto en los sucesos exteriores como *dentro de mí.* A las nueve sonó el teléfono y al otro lado Carlos, inteligente y atento como siempre, supongo que me hizo las preguntas previsibles. Digo «supongo» porque apenas entendí lo que me decía, me resultaba como una lengua extraña, como si en vez de preguntarme me estuviese contando una historia sin pies ni cabeza. Le respondí lo mejor que pude y aunque ya me di cuenta de que no había estado muy brillante creí haber salido del paso. Me extrañó, eso sí, que de repente Alsina dejara de ser mi interlocutor y que una cortés señorita me despidiera con embarazosa premura. Me di la vuelta en la cama y decidí seguir durmiendo un rato más. Poco después me espabiló un ruido de varias voces en la habitación contigua. Extrañado y algo inquieto fui a ver: me encontré con una bienintencionada invasión encabezada por Cayetana Álvarez de Toledo, mi hijo, mi hermano, mi asistenta... Por lo visto, había sido Cayetana la que dio la voz de alarma. Estaba en el estudio siguiendo en directo la tertulia de Alsina y mi embrollada intervención la aterró: quedó convencida de que me estaba dando en directo un ictus o algún otro tipo de jamacuco. Activa y eficaz, como es ella, localizó a la familia y el pelotón de primeros auxilios al completo se presentó en casa. Quise echarlo a broma y despedirlos con mi gratitud, pero no estaban dispuestos a conformarse con tan poco. Llegó el médico de urgencias y luego la ambulancia. Me trasladaron al hospital de la Princesa, que está a poco más de cien metros de mi portal. Allí comprobaron que tenía una fiebre altísima, principal culpable de mis desvaríos, y luego me diagnosticaron una neumonía doble. No provenía de un contagio de la covid, como era lo normal en aquellos días, sino una infección de legionela, de la que ya no se hablaba más que en los libros de historia. Yo siempre tan original y con mi habitual tendencia retro... Estuve diez días hospitalizado, me trataron envidiablemente bien, no pude asistir a la manifestación anti-Sánchez que habíamos preparado (me sustituyó brillantemente mi amigo Andrés Trapiello) y vi mi premier Derby por televisión (en cualquier caso no habría podido asistir porque las carreras de Epsom se disputaron sin público por culpa de la pandemia). Recordé que mi novela *La Hermandad de la Buena Suerte* acaba con un entrenador enfermo de cáncer viendo desde la habitación de la clínica la gran carrera de su mejor caballo, cuyo desenlace queda en suspenso, como casi todo en este mundo...

Mi breve paso por la locura me ha dejado un escepticismo que considero saludable sobre la ubicación espaciotemporal del momento que vivo. ¿Es martes? ¿Seguro? ¿Es de día como parece? ¿O será una noche disfrazada que solo yo percibo como día? ¿Adónde debo ir, dónde me esperan? Experimento estas dudas de modo muy venial, casi como un juego, al modo en que Descartes asumía su «duda metódica». Finjo dudar, pero ese fingimiento es la esencia de la duda misma... Y es que en los últimos tiempos (digamos cinco o quizá seis años, para no exagerar) bastantes de mis convicciones que yo daba por más asentadas han sufrido una conmoción, un terremoto revolucionario. Siempre me he tenido por una persona de izquierdas (recuerden, lo mismo que en una ocasión a las dos y cuarto de la madrugada pensé que era la hora de almorzar), aunque nunca he sido comunista ni he simpatizado con esa ideología política (me refiero al comunismo, con todas sus letras, no al «estalinismo», ese disfraz exculpatorio al que algunos juran no haber venerado jamás). Desde muy jovencito, tuve al comunismo tan escaso aprecio como al fascismo: la única ventaja que le reconocía es que se puede ser comunista de buena fe, pero no fascista y mucho menos nazi de buena fe. Aunque con el paso del tiempo y de los acontecimientos históricos la buena fe se va haciendo cada vez más increíble, pero sigue el comunismo... El hecho, muy celebrable, de que nunca fuese comunista no obsta para que mi izquierdismo no fuese menos imbécil. Yo me consideraba anarquista o, mejor, ácrata (que suena más libertario). ¡Yo, que detesto el desorden caprichoso y considero que cualquier norma es preferible a la irracional ausencia de normas! Pues sí, me consideraba ácrata para poder ser antifranquista y por tanto de izquierdas (en mi remota juventud era lo mismo... ¡y ahora también!). Me caló muy bien el policía —la policía sí suele ser tonta, pero aquel desde luego lo era menos que yo— que en la ficha que me hizo después de uno de mis frecuentes arrestos en la época universitaria puso como ideología: «anarquista moderado». ¡Y tanto!

En mi época juvenil, empapada de marxismo lo mismo que el Medievo estuvo penetrado de cristianismo, se repetía un axioma al que se concedía irrefutabilidad geométrica: «Todo lo personal es político». Es una majadería, pero entonces aún teníamos la excusa de vivir bajo una dictadura. Hoy vuelven a oírse cosas semejantes, proferidas por gente que por su edad nunca han conocido más que la España democrática, un período de libertades incomparable con las que hubo en la mayor parte de nuestra España moderna y con las que hoy conocen casi todos los países del mundo no occidental. Esta mañana he leído en el periódico la entrevista a un escritor joven, al que afortunadamente no conozco, que aseguraba: «No he escrito ni una sola línea que no sea política». Bueno es saberlo para no incurrir por descuido en su lectura... Pues bien, mi caso fue el opuesto. Involuntariamente, mi educación y compromiso político llegó siempre más o menos a través de relaciones personales. Me mantuve bastante distante de la agitación subversiva en la universidad hasta que Enrique Ruano, compañero de pupitre colegial y amigo de todo el bachillerato, fue asesinado por la policía política del franquismo. A partir de entonces me impliqué en la lucha, pero más por lealtad a mi amigo que por motivos ideológicos. En parte por deseo de aprender y en parte por curiosidad me apunté a las lecciones presocráticas de Agustín García Calvo, recién expulsado de la enseñanza universitaria, y mi vinculación fascinada con él y amistosa con los ácratas que lo rodeaban cambió mi rumbo político, me alejó de los partidos tradicionales y en general trastocó mi vida. Nunca pasé por la etapa comunista que fue casi obligada entre los antifranquistas de mi generación: leí bastante literatura marxista y a veces con interés (Adorno, Horkheimer, Merleau-Ponty, Karel Kosík, Leszek Kolakowski...), pero casi siempre con fastidio. Y desde luego las discusiones doctrinales con los teóricos del PC (iniciales que entonces no remitían a la computadora personal sino más bien lo contrario) me resultaban inaguantables. Era volver a las disputas teológicas, tal como años después fueron contadas en *El nombre de la rosa* por Umberto Eco. ¡Y con inquisidores listos para aplicar castigos no siempre simbólicos, incluso en España! No estaba dispuesto a cambiar la dictadura conocida por otra por conocer, ni aunque fuese del proletariado. En cierta ocasión, en la facultad, un grupo nos reunimos con un «compañero» (que a mí no me había acompañado nunca a ninguna parte) que nos narró su viaje a la URSS, mucho más atractivo y desde luego más edificante que un fin de semana en las Bahamas. Como me gusta mucho la literatura fantástica lo escuché hasta el final y luego pregunté, al desgaire: «Pero... ¿es verdad que allí están prohibidas las huelgas?». Algunos de los asistentes me chistaron indignados para que me callase y el orador, con mueca pedagógica, me repuso: «Mira, las huelgas de la clase obrera son contra los abusos de la patronal y allí la patronal no existe». Exhalé un «¡aaah!» lo suficiente largo como para que resultase irónico y salí discretamente de la asamblea. Entre unas cosas y otras no hacía amigos en la izquierda ortodoxa. Eso me libró de las células y los comisarios que amargaron la vida a otros...

Después, a través de distintos avatares que ya he contado en otro sitio (en *Mira por dónde* principalmente) y que incluyen un breve paso por la cárcel de Carabanchel, acabé colaborando en medios de información antifranquistas del final de la dictadura (*Triunfo, Hermano Lobo, Por Favor*) y sobre todo en el primer gran periódico de la democracia: *El País*. Escribo en *EP* desde el número cero de la publicación. No creo que haya muchos tan antiguos como yo en la redacción y desde luego ninguno más antiguo, por eso cuando me insinúan (es un eufemismo) que mis artículos molestan a algunos otros colaboradores o directivos siempre digo que lo siento mucho, pero que si están molestos se vayan ellos porque yo llegué antes. *EP* está ligado a mi vida de manera insustituible y viceversa. La amistad con algunos de sus pilotos más destacados, sobre todo mi querido Javier Pradera, hizo que me identificase cada vez más con la ideología, juicios y sobre todo prejuicios de la publicación. Yo no pertenecía a ningún partido político, me las arreglaba para disentir por una u otra cosa de todos, pero era «paisano» de corazón, es decir, formaba parte de la guardia pretoriana de *EP*. Entre aquellos amigos, unos más próximos que otros pero todos en conjunto preferibles a los demás, me sentía arropado y tonificado por la camaradería. Mis disidencias con ellos me las callaba o les daba un tono humorístico. Provenían por lo general de su apoyo con pocas fisuras a los socialistas, sobre todo a Felipe González. A mí también me caía bien Felipe y, puestos a elegir, lo prefería a los demás prebostes, pero a pesar de mi ingenuidad veía frecuentes contradicciones y sesgos inaceptables en sus tomas de posición. Pradera a veces me daba la razón en mis críticas, pero me explicaba las circunstancias que justificaban esas actitudes por mor de la eficacia. Y yo las aceptaba remoloneando un poco, pero en el fondo agradecido por saber que seguía en la acera soleada del progreso. Ahora comprendo que si Javier me hubiera dado otras lecciones las habría aceptado también, quizá con más entusiasmo. Los razonamientos políticos no me decían gran cosa y desconfiaba de ellos, sobre todo si sus piezas «encajaban» demasiado bien. Pero seguía a ciertas personas, de un modo que yo creía leal, aunque era más bien bobo. A pesar de haber tenido siempre fama de rebelde y respondón, he necesitado ardientemente maestros y mientras fui joven, cuando había puesto mi complacencia en alguien —que encarnaba para mí la voz de la razón— lo seguía con docilidad casi risible. ¡Vaya destino el mío, creerme nacido para ser el más indomable de los herejes y descubrirme finalmente alma de acólito!

Mi ideario político ha sido bastante sucinto porque las especulaciones sobre el tema me aburren: la fórmula «Libres e iguales» dice todo lo que cuenta en mi portátil utopía. Pero hay un requisito en cuya defensa soy bastante intransigente: la unidad legal y social del país. La principal función del Estado es favorecer a los pobres (no solo los lastimados económicamente sino también los menos despiadados, los que carecen de sentido práctico, los que hasta en el mejor de los mundos se quedarían rezagados) y protegerlos de la desventura. En eso discrepo del liberalismo radical: no creo que cada cual solo deba valerse por sí mismo. El que no pueda más, el que falle, tiene derecho a esperar el apoyo de los demás. Admiro mucho a esos hombres (y mujeres, claro) que como suele decirse «se han hecho a sí mismos», pero los prefiero cuando además han ayudado a que no se deshagan los demás. Esa función de auxilio, apoyo y reparación es humanamente imprescindible porque por muy individualistas que seamos (y yo lo soy, sin duda) vivimos en sociedad, es decir, somos necesaria y no accidentalmente socios de los demás. Pero no puede cumplirse si el Estado no permanece unido y sus ciudadanos no son efectivamente iguales. La democracia contemporánea exige libertad para crear y expresarse, o sea liberalismo, e igualdad de leyes, derechos y deberes, o sea socialdemocracia: pero ninguna de las dos patas del invento —liberalismo y socialdemocracia— es posible si el Estado se fragmenta y se despedaza. O si la ciudadanía se basa en principios identitarios diversos e incompatibles, no en la abstracción de una constitución para todos. De modo que mis verdaderos enemigos políticos son los separatistas, los que pretenden imponer su máxima acaparadora de «lo mío para mí y lo demás a medias». Sean separatistas por nacionalismo —*necionalismo* siempre— o por preferencias eróticas, religiosas, estéticas o lo que sea. Cada cual puede ser como quiera siempre que no se empeñe en deshacer las instituciones democráticas gracias a las cuales puede serlo. Pero entre nosotros todas las identidades particulares se caracterizan en primer lugar por oponerse y vituperar la identidad colectiva: proclamarse vasco, catalán, gallego o lo que sea es ante todo no ser español, aborrecer todo lo que podríamos tener en común con los otros españoles. Lo que cuenta no es enorgullecerse de las virtudes de lo que uno es, sino rechazar lo que no somos y maldecir a los que siguen siéndolo. Y eso no solo pasa con los separatistas étnicos, sino también con las minorías eróticas o folclóricas, cuanto más extravagantes mejor. Lo que uno es depende de la santísima voluntad de cada cual, sea la nacionalidad, el género o hasta la especie animal. No basta con tolerar a los *egregios*, es decir, a los que se pavonean fuera del rebaño *normal* (aunque formen el suyo con unanimidad feroz), sino que hay que ponerlos por encima de cualquier norma. Lo anormal no existe, todo tiene derecho a ser considerado dentro de una norma que se inventa para cada ocasión: no solo hay que acoger sin extrañeza ni repudio al ternero de dos cabezas, sino dejar bien claro que los terneros de por sí tienen una, dos o varias cabezas, lo que les pete. Solo un fascista puede invocar la zoología o la biología para señalar cómo debe ser un ternero, y más fascista todavía es el que invoca la autoridad histórica o institucional para deslegitimar la opción nacional que elige según su real gana cualquiera. En este puzle de identidades contrapuestas, cada una alimentada por la hostilidad al mínimo común denominador con los demás, es imposible una educación compartida o una administración basada en la igualdad por principio y no por una superposición de excepcionalidades. En una palabra, el separatismo de un grupo o territorio (que nada tiene que ver con el amor al terruño o las costumbres tradicionales) es el peor enemigo de un estado democrático. Y para quienes consideramos que la democracia es progresista no hay movimientos políticos más intrínsecamente reaccionarios que los separatismos.

Por eso, puede hablarse sin contradicción de una «izquierda reaccionaria», como ha hecho Félix Ovejero y otros pensadores consecuentemente progresistas. Podemos, Sumar, Izquierda Unida y los propios socialistas en demasiadas ocasiones (y desde luego a partir de los liderazgos de José Luis Rodríguez Zapatero y Pedro Sánchez) han apoyado a los separatistas de toda laya y sobre todo se han apoyado en ellos para compensar su sequía de votos. También los separatistas, ese filón inagotable de reaccionarios, se presentan como la vanguardia progresista más radical. ¡Y muchos les creen! En España (¿en Europa?) basta que alguien diga que es de izquierdas para que se lo mire con simpatía *a priori* aunque sea antropófago. Y también en nuestro país cuanto más cercano al separatismo esté uno, más «progresista» será para los medios de comunicación podridos de imbecilidad *necionalista.* Cuando me di cuenta de eso en el País Vasco, donde el separatismo radical extorsionaba y asesinaba a los demócratas vascoespañoles mientras sus compatriotas más memos tenían a las víctimas por irredentos derechistas, abandoné el redil cenutrio de la izquierda. Es decir, me curé de esa enfermedad teológica que nos obligaba a algunos a seguir diciendo que éramos de la izquierda «verdadera» aunque estuviésemos en contra de todo lo que la izquierda existente afirmaba y defendía. Supongo que es lo mismo que movía a ciertos ilustrados en el siglo XVIII a seguir llamándose «cristianos» aunque no creían nada de lo que los cristianos tenían que creer para serlo: el miedo al *infierno*. ¡Ah, qué alivio comprender por fin que no tenemos obligación de ser cristianos para ir al cielo ni de ser de izquierdas para ser personas decentes, compasivas y solidarias! Mas bien todo lo contrario... La izquierda ideológica es solo un apósito para tener buena conciencia y excusar atropellos ajenos y propios. Lo mismo que el creyente podía pecar cuanto quisiera, que la fe lo salvaba, el creyente de izquierdas puede vivir y hacer negocios como el más acaparador de los burgueses y votar a los mastuerzos más connotados del espectro político, que su filiación izquierdista lo purifica de toda culpa: malos, lo que se dice malos, son solo los de la derecha y si es extrema ni te digo. ¡Venga ya, basta de monsergas! ¡Cualquier cosa menos ser de los vuestros!

¿Por qué conserva la izquierda tan buena fama en nuestro país, a pesar de los crueles fracasos históricos que ha sufrido allí donde se ha impuesto de manera imperativa? Por una mirada sesgada que ha establecido la norma de juzgar a la izquierda por sus intenciones y a la derecha por sus resultados. Si uno proclama que quiere acabar con la miseria y la desigualdad, conseguir una educación universal y una sanidad que proteja por igual a todos los ciudadanos, sean cuales fueren sus ingresos económicos, solo cabe aplaudir estos objetivos generosos. ¡Qué diferencia con las propuestas de la derecha, que hablan de prosperidad conseguida por medio del trabajo remunerado, de propiedad privada, de orden social basado en el cumplimiento de las leyes! Es cierto que los hermosos planes de la izquierda nunca se han llevado a cabo ni de manera aproximada en los países que han adoptado un sistema comunista, el izquierdismo más consecuente, aunque han visto desaparecer sus libertades cívicas y la separación burguesa de poderes sacrificadas al ideal utópico. Ah, pero ¿qué culpa tiene el ideal si quienes lo buscan son torpes o incluso hipócritas? Lo excelente sigue siéndolo aunque los que se dedican a predicarlo no tengan ni idea de cómo conseguirlo o, aún peor, logren con sus medidas políticas lo contrario de lo que persiguen. En cambio, los principios y métodos de la derecha han conseguido sin duda las mejores y más competentes sociedades democráticas allí donde se han aplicado: en ninguna parte ni en ninguna época ha habido mejores sistemas políticos donde vivir y la prueba es que la gente huye de los países comunistas a los capitalistas, nunca al revés. Pero tienen defectos, muchos defectos y abusos. Como dijo Cioran, en el mejor de los casos puede gobernarse sin crímenes, pero no sin injusticias. Esas injusticias, que se pretenden corregir, pero se reproducen una y otra vez, bastan para condenar a ojos de los deslumbrados por las buenas intenciones izquierdistas los incomparables logros de las sociedades liberales. Si alguien promete el paraíso (entre cuyos requisitos está ser inalcanzable)..., ¿cómo conformarse con un purgatorio con aire acondicionado y agua corriente? Y lo más irónico, como hizo notar el gran historiador inglés Robert Conquest, es que todo el mundo es conservador cuando habla de lo que de veras entiende, aunque luego adopte posturas revolucionarias en los grandes temas que solo conoce de oídas.

Por supuesto, las democracias occidentales ofrecen fórmulas políticas que combinan los ideales socialistas mitigados por la prudencia con los métodos liberales mediatizados por los derechos humanos. El resultado es más o menos eso que llamamos «socialdemocracia» y que considero el sistema preferible a todos los demás ensayados, aunque ese término —«socialdemocracia»— sea anatema y equivalga a «comunista» entre los fanáticos neoliberales (en su mayoría exilados de los radicalismos izquierdistas de su mocedad). No hace falta decir que la estupidez política no es monopolio de la izquierda, de serlo, todo sería demasiado sencillo. Yo nunca he podido vivir sometido a elevadas normas que no puedo asumir en la práctica. Cuando a los once o doce años me convencí de que la castidad predicada por los curas amargaba mis placeres sin facultarme para renunciar a ellos, me aparté sin escándalo pero definitivamente de esas santas enseñanzas. En mi primera juventud estaba de moda vivir en comunas, modelo que en principio me sedujo porque creí que prometía amor libre y cosas así de bonitas: en realidad las comunas que conocí me hicieron comprender los beneficios de las buenas familias burguesas como la formada por mis padres (que desdichadamente yo no he sabido reproducir en mi vida adulta). Después de haber alardeado de chico malo, comprendí que las mejores personas que he conocido en mi vida —mis padres, mi abuelo— eran más bien de derechas. Y no estoy dispuesto a admitir ni por un momento que la Pasionaria era mejor persona que mi madre. De modo que pronto renuncié a sostener ideales comunistas (porque de eso va la izquierda, no nos engañemos) en cuanto comprobé que sus resultados prácticos eran nefastos y que a mí toda forma colectivista me repelía intrínsecamente. Después he conocido millonarios comunistas a tropel, que no dejan de vociferar consignas radicales mientras sacan sus pasajes para el veraneo en las Maldivas. Abundan entre ellos los actores y actrices que todo lo que exhiben en progreso político lo compensan en retraso mental... aunque siempre jugando a su favor, claro. Y los llamados intelectuales, que en España son una casta para echarles de comer aparte. Pueden ser novelistas, poetas, humoristas, pintores o músicos apreciables (noten que digo «pueden», no «suelen») pero en su oficio como intelectuales, es decir, haciéndose oír en el espacio público para aumentar el espíritu crítico y la vigilancia ciudadana, resultan no solo inútiles sino dañinos. En general, sus opiniones se orientan a mejorar su caché y aumentar su clientela, lo cual defendiendo tópicos zurdos es más fácil para cualquiera. Les encanta alardear de antifranquismo, trinchera que hoy tiene tanto peligro como declararse insobornablemente opuesto al emperador Calígula.

La evolución de mi forma de pensar se reflejó en mis colaboraciones en *El País*. Primero fue mi visión crítica, aunque no del todo negativa, del movimiento del 15-M, al que algunos atribuyeron de inmediato virtudes redentoras como las tan recordadas del Calvario. Después la aparición en la palestra política de Podemos y sus revolucionarios amaestrados, clones poco imaginativos de populistas de hueso colorado que yo había tenido ocasión de conocer y padecer en mis frecuentes estancias en Hispanoamérica. ¡Y los votaron cuatro millones de personas! Entonces empecé a darme cuenta cabal de en qué país vivía. Años después comenté sobre ese entusiasmo electoral que no sabía que en España hubiera tantos bobos. Me fue muy reprochado ese exabrupto, pero después, calibrando el resultado de elecciones como las muy recientes del 23-J —de las que trataré de hablar más adelante—, comprobé que como casi siempre había pecado de optimista. El caso es que Podemos y su comunismo bolivariano introdujeron en nuestro panorama político una degradación del debate que la izquierda tradicional no había llegado a alcanzar. Los separatismos radicales vascos y catalanes se vieron dignificados como «progresistas» por los nuevos dispensadores de certificados de buena conducta política.

La columna de los sábados que inicié en *El País* el año mismo que perdí a mi Pelo Cohete se acoplaba especialmente bien a mi estilo: una columna de trescientas palabras en la última página los sábados, el día que podía tener más lectores. Naturalmente, utilicé esa tribuna para desenmascarar en la medida de mis posibilidades a los nuevos salvapatrias que le habían caído encima a nuestro país y que encontraban partidarios entre personas a quienes yo conocía desde hace mucho y a las que tenía por sensatas. Pero nunca acaba uno de despertar... Los primeros años mi periódico conservó su línea socialdemócrata habitual, apoyando a los socialistas —recuerden: ¡aquellos socialistas!—, desconfiando algo menos de lo debido de los neocomunistas y oponiéndose aunque sin demasiada acritud a los separatistas. Pero hubo un vuelco en el partido socialista y finalmente ocurrió lo peor que le ha pasado en toda su larga y polémica historia: se encontró sometido al liderazgo caudillista de Pedro Sánchez. Cuando escribo estas atribuladas líneas, ahí seguimos. Uno de los primeros efectos de este pernicioso liderazgo fue el brusco desahucio por motivos indiscutiblemente sectarios (un editorial crítico con Pedro Sánchez) de la cúpula directiva de nuestro periódico: Antonio Caño y su equipo de gente tolerante y muy profesional desapareció por el sumidero del nuevo régimen de un día para otro, sin explicaciones. De ser un diario progresista, de centro izquierda, con las virtudes y defectos propios del caso, pasó a convertirse en un portavoz gubernamental y del peor Gobierno que ha tenido la democracia española desde la muerte del dictador. Eso naturalmente socavó el prestigio del periódico, que de ser el diario de referencia pasó a convertirse en un risible epítome de la prensa al servicio de la política: durante muchos años los dibujos de Forges habían aprovisionado de chistes mil veces repetidos a lectores de toda España (casi tanto como los incomparables de Mingote en *ABC*), pero poco a poco hemos llegado a que el chiste sea *EP* y sus disparates sectarios. Antes había mucha gente que con orgullo decía: «Yo solo leo *El País*», como si con eso bastara para estar bien informado *urbi et orbi*. Desde luego, nunca me bastó un solo periódico, siempre he leído cuatro o cinco (uno de carreras de caballos, claro), pero comprendía la satisfecha limitación de los monodiaristas: si leías bien *EP* era suficiente. Hoy ya casi nadie comparte esa plácida creencia progre porque con esa dieta exclusiva cojearás informativamente de un pie y probablemente de los dos. Durante muchos años, cuando publicaba un artículo en *EP* había gente a favor y abundantes personas en contra, pero no pasaba inadvertido: esa tribuna era el ágora de la mayoría ilustrada y políticamente inquieta de nuestro país. Hoy, aunque mis columnas son múltiplemente replicadas en las redes, si quiero asegurarme ciertos lectores imprescindibles (amigos, familiares, rivales necesarios, etc.), debo enviar un aviso circular por WhatsApp para atraer su atención, porque ya prácticamente ninguno lee habitualmente *EP*. Bastantes compran el periódico solo los sábados, día en que aparece mi columna, y me lo hacen saber a cada paso: «Por tu culpa tengo todavía que comprar...», lo cual desde luego me hace sentir responsable de tal dispendio.

En la evidente decadencia de *EP* intervienen diversos factores. A mi juicio, el primero de ellos es el mismo que ha roído al PSOE en sus mejores esencias: la colonización ideológica por parte del PSC, que es un elemento cancerígeno allí donde se implanta. El peor nacionalismo es el de los que no se declaran nacionalistas y por eso los socialistas catalanes han sido tan mefíticos. Es lógico que en las elecciones del 23-J hayan cosechado una mayoría de votos, porque han optado por ellos los nacionalistas sagaces, convencidos de que sus intereses separatistas están más seguros con esos representantes ambiguos que en los divididos y poco fiables partidos nacionalistas. Las opiniones del supuesto periódico global están dirigidas en las cuestiones nacionales por una cáfila particularmente estrecha: Jordi Amat, Jordi Gracia, Xavier Vidal-Folch, Josep Ramoneda *et alii*, cuyo primordial objetivo es demostrar que solo los elementos más reaccionarios se oponen a los nacionalismos periféricos. Por lo demás, fuera de la izquierda sociocomunista todo es Trump. Otro elemento que empeora este diario otrora prestigioso es una desafortunada invasión femenina. En un momento como el actual, en que los mejores columnistas en todos los medios son mujeres y algunos ya casi no leemos otra cosa (Rosa Belmonte, Emilia Landaluce, Irene González, Lupe Sánchez, Rebeca Argudo, Leyre Iglesias, etc., por no remontarnos al magisterio de Cayetana Álvarez de Toledo), en *EP* nos ha tocado el lote menos lucido: tanto las de casa como las importadas, salvo las honrosas y escasas excepciones de rigor, son tan sectarias y aburridas como los varones con quienes se codean. Así no hay manera de remontar el partido.

En lo que a mí respecta, pronto empecé a encontrarme bastante solo en la palestra, lo cual no me molesta porque siempre me ha gustado escribir para pinchar a mis lectores, no para halagar sus prejuicios: para eso ya están los demás. A finales de 2021 reuní en un libro (*Solo integral*) mis mejores columnas sabatinas de los últimos años. Cada una de ellas iba seguida de un comentario de la misma extensión que actualizaba el tema, confirmando el enfoque primigenio o mostrando sus errores (en general, todas las columnas optimistas estaban equivocadas y las pesimistas se quedaban cortas). Quedé bastante satisfecho con el volumen, que me pareció un buen repaso a las peripecias políticas y culturales de nuestro país en ese período. Dediqué dos o tres días a las entrevistas de promoción, como es la fatigosa pero inevitable costumbre, y acudieron casi todos los principales medios informativos. Casi... porque faltaron la SER y *El País*, precisamente el periódico donde se habían publicado todas las colaboraciones que formaban el libro. Ni una simple reseña apareció en sus páginas. Fue una descortesía, desde luego, pero también una imprudencia. Siempre me gustó el escudo de Montresor, el peligroso personaje del cuento de Poe «El barril de amontillado», que finalmente castiga al atontado Fortunato poniéndole, digamos, cara a la pared... En su escudo podía verse una víbora que muerde rabiosa el calcañar del pie que la aplasta, con la leyenda: *Nemo me impune lacesit* («Nadie me ofende impunemente»). De modo que la alegre muchachada de *EP* podía aplicarse el cuento. Para abrir boca perpetré una columna de Año Nuevo que empezaba diciendo «Si ustedes solo se informan por medio de este periódico, no sabrán que he publicado un libro...». Después recordaba que empezábamos la era del tigre según el calendario chino y que esperaba ser digno de ese fiero patrono. Acentué el tono heterodoxo de mis columnas en contraste permanente con las opiniones del resto del periódico, tan previsibles y unánimes como el canto gregoriano salvo honrosas excepciones como Félix de Azúa. Incluso me atreví a cuestionar la inminente catástrofe climática que los humanos irresponsables hemos provocado, el gran Satán de las plagas capitalistas que hay que denunciar con tanto mayor ahínco cuanto menos se sepa de lo que se habla. Llovieron las cartas de los lectores dolidos con mis artículos y tristemente decepcionados al ver que ya no pensaba como era debido (nunca se publicaban cartas cuestionando a otros colaboradores, sino en todo caso poniéndolos como ejemplos ante mi deserción). Una de las cosas que se nos advertía siempre en *EP* cuando empecé mis colaboraciones era que podíamos sostener las ideas que quisiéramos aunque sin criticar nunca nominalmente a otros colaboradores del medio. Pero en mi caso, cuando empecé a alejarme de la ortodoxia, se levantó la veda y aparecieron artículos tratando de refutar los míos —con poca maña la verdad—, que eran publicados al día siguiente o incluso por la tarde si el mío había aparecido por la mañana. Obedientes piezas de encargo fabricadas por mindundis serviciales tipo Sergio del Molino y gente parecida. Llamé a la redacción para advertirlos de que tuvieran cuidado, no fueran un día a publicar la refutación antes de mi artículo... Los que creyeron que eso me iba a hacer reventar de cólera o de frustración no me conocen bien: puedo asegurar sin vanagloria que nunca he disfrutado tanto con mis columnas como en estos últimos tiempos, sabiendo a cuántos molestan. Aunque, para ser sincero, debo reconocer que nunca me han faltado testimonios de apoyo por vía pública y sobre todo privada, con firmas bastante más relevantes para mí que las de mis críticos.

Sin embargo, la situación de España es cada vez más patética y mi situación profesional (y personal, porque oponerse con decisión a la izquierda felizmente reinante te deja sin amigos y casi sin familia) es lo de menos. Después de las elecciones autonómicas y municipales del 28 de mayo, que parecían anunciar un cambio de rumbo político, muchos creímos en la posibilidad de regresar a una cierta cordura incluyente y armonizadora, pero en las generales del 23 de julio —aunque numéricamente ganadas por la oposición a Sánchez— comprendimos que todavía padecemos demasiados conciudadanos dispuestos a votar al diablo más colorado del infierno con tal de no apoyar ni por descuido a la derecha y no digamos a la extrema derecha (que es más o menos la misma derecha, pero vista desde la propaganda denigratoria de los medios de izquierdas). Es cierto que la alternativa derechista a Sánchez que presentó Feijóo fue de lo menos inspirado políticamente que se ha visto: solo entendimos que la izquierda moderada no tenía nada que temer de él, porque se parecía más a ellos que a la derecha radical de Vox.

Sin embargo, siempre he sostenido que en democracia los culpables de los embrollos y disparates son los verdaderos políticos de base, es decir, los votantes (de los que no votan prefiero ni hablar). Un pesimista con tendencia al sarcasmo dijo que en un país democrático gobernado por imbéciles y desaprensivos puede asegurarse que el pueblo está bien representado. Intento no compartir del todo ese dictamen por respeto a mis compatriotas, aunque en el fondo lo considero pavorosamente acertado. Cuando parecía que finalmente los españoles iban a despachar democráticamente a Sánchez y compañía, pasándoles la factura por sus innumerables desafueros de estos últimos años —que ya es hasta aburrido volver a enumerar—, apareció la poción mágica para revivir al maltrecho farsante. ¡Cuidado, que viene la extrema derecha! Nuestro país ha padecido un separatismo xenófobo y terrorista de la peor ralea en el País Vasco, ha sufrido un intento de golpe de Estado en Cataluña por parte de quienes debían defender las instituciones, ha soportado las geniales ideas populistas de un comunismo ortopédico que ha endeudado el país hasta extremos nunca antes conocidos, sufre la tiranía *woke* de una fragmentación en grupúsculos identitarios de sexo e ideología que reclaman para ellos patente de corso mientras ejercen la intransigencia contra todo bicho viviente (salvo los animales, claro)... En fin, hay enemigos de la convivencia donde elegir, pero resulta que la única amenaza que cuenta y atemoriza es la extrema derecha, que todavía no ha gobernado y de la que solo hemos oído exabruptos que no favorecen su causa, pero tampoco bastan para derribar por sí solos las murallas de Jericó. Yo he oído a personas a las que aprecio y que blasfeman contra Vox andanadas contra la inmigración ilegal más radicales que las de Abascal, pero se indignarían si se les señalase ese parentesco: tales diatribas cuando vienen de la derecha demuestran inhumanidad, pero cuando las sostienen ellos son puro sentido común. Durante el período preelectoral antes del 23-J todo el que podía hacerse oír y quería sacarse el certificado de buena conducta lanzaba a grito pelado su *¡caveat!* contra los ultras (que según el dictamen del libro de estilo de *EP* solo pueden ser de derechas). Hubo ciertos casos especialmente sangrantes, nunca mejor dicho. El director del Festival de Cine de San Sebastián, José Luis Rebordinos, en la presentación ante la prensa de la muestra, lanzó una soflama contra la extrema derecha que por lo pronto no venía a cuento, salvo como propaganda ante la próxima cita electoral: él tenía amigos de todos los bandos y banderías, respetaba todas las ideas políticas... menos naturalmente la extrema derecha y quienes se asociaban con ellos. ¡El festival donostiarra, que durante largos y vergonzosos años se entendió con los etarras en un pacto secreto pero evidente para que ellos mataran donde quisieran menos en la alfombra roja! Y todos los años se permitía una aparición de la infame turba el día de la inauguración para que dieran los vivas de rigor y exhibieran sus pancartas reivindicativas, precio que pagar para que después respetaran la fiesta... ¡Ah, pero los ultras —siempre de derechas— no pueden ser consentidos! Luego, el festival comenzó con un falso documental que no era más que una larga entrevista de Jordi Évole a Josu Ternera (como dijo Oscar Wilde de la caza del zorro a caballo: «Lo inefable persiguiendo a lo incomible»).

Mil veces repetidas, en todos los tonos y con los argumentos más peregrinos, el pánico a la extrema derecha se convirtió en la única defensa de alcance popular de un ejecutivo de trayectoria indefendible. Y funcionó, vaya que si funcionó. Pocos días después del 23-J publiqué en el diario digital *The Objective* un artículo titulado «Falsa alarma», que transcribo a continuación.

Hace más de medio siglo leí una novela de ciencia ficción que no he olvidado. No era obra de uno de mis autores favoritos del género, como Bradbury, Asimov, Clarke o Frederic Brown. El autor era un francés, Jean Hougron, solo reputado por una serie de novelas sobre Indochina. *El signo del perro* era su primera narración de ficción científica y además de la emoción de la aventura encerraba una curiosa parábola. Un explorador espacial llega a un planeta cuyos habitantes viven encerrados en una ciudad amurallada. Esa ciudad es asaltada a cada poco por unos monstruos enormes y feroces a los que no pueden detener las murallas ni las armas de los defensores: los únicos que logran frenarlos son unos magos o sacerdotes que se enfrentan a ellos solo con su fuerza mental y así los hacen retroceder. No hace falta decir que estos salvadores providenciales son las máximas autoridades de la ciudad, la vida de cuyos habitantes depende de ellos. Después de varias peripecias intrigantes, el lector descubre que los terribles monstruos no son más que marionetas creadas por los magos para perpetuar su poder sobre la ciudad falsamente asediada. Recientemente el director Night Shyamalan filmó una película, *The village*, con un argumento parecido.

De *El signo del perro* al signo de los tiempos. Durante las dos últimas campañas electorales he recordado a menudo la novela de Jean Hougron. Con las necesarias adaptaciones a nuestra actualidad política, claro: los monstruos que nos amenazan son los de la extrema derecha, los «ultras» por antonomasia según establece —ordeno y mando— el libro de estilo de *El País*. Su asalto a las instituciones acabará con todo tipo de derechos civiles, humanos y animales. Retrocederemos hasta el Paleolítico inferior o superior, no sé, el que caiga más atrás. Nada puede detener su avance arrollador sino los paladines de la izquierda, Yolanda Díaz, Bolaños, Rufián, Ortuzar (que se come a la derecha él solito) y sobre todo y por encima de todos, tachán, ¡Pedro Sánchez! Ante argumentación tan incontrovertible, millones de ciudadanos en estado de alerta han votado a los magos para librarse de los monstruos. Da gusto vivir entre gente tal difícil de engañar...

Preguntados que fueron muchos de estos votantes sobre los aspectos concretos de su miedo a Vox, los más simplones respondieron que no querían que las mujeres o los homosexuales perdieran derechos. Un deseo muy razonable, que comparto fervorosamente. Pero naturalmente esos derechos, junto a los del resto de los ciudadanos, están recogidos en la Constitución (desde bastante antes de que el providente Sánchez velara por nosotros) y que yo sepa nadie pretende borrarlos de ella, ni mi amigo Santi Abascal ni siquiera el congestionado Buxadé. Ni lo pretenden ni podrían, claro, porque los derechos constitucionales son una cosa muy seria que solo en algunos casos especialmente escandalosos (los lingüísticos en Cataluña, por ejemplo) son fraudulentamente conculcados. Otros votantes dicen que Vox pretende acabar con las autonomías e ilegalizar los partidos nacionalistas. Las autonomías son una fórmula administrativa que se adoptó en su día para mejorar la gestión del Estado y que podrían ser sustituidas por otra si pareciera aconsejable a la mayoría. A mí al menos en dos ocasiones me han pasado a firmar manifiestos de intelectuales, escritores, expolíticos, etc., ni mucho menos ultras (salvo en todo caso algún poeta ultraísta), que pedían formalmente la abolición del régimen autonómico: no he firmado ninguno de ellos no tanto por no estar de acuerdo con la propuesta, sino sobre todo porque llega demasiado tarde. A pesar de los obvios e importantes inconvenientes de las autonomías, hoy creo que causaría más daño suprimirlas que conservarlas, por razones bien explicadas por don Jacinto Benavente en *Los intereses creados*. En cuanto a ilegalizar partidos nacionalistas, supongo que se refiere a los separatistas, los cuales, si no condenan explícitamente la violencia para obtener sus fines (como Batasuna, que ya fue ilegalizada aunque luego haya sido acogida por la ley en una operación que a algunos sigue sin convencernos), creo que son incompatibles con la forma de nuestro Estado actual, por lo mismo que partidos totalitarios como el nazi y el comunista siguen estando prohibidos en la Alemania actual. En cualquier caso, en los lugares en que Vox ha entrado a formar parte de los gobiernos regionales, ni las autonomías ni los partidos nacionalistas han sufrido ningún menoscabo.

En resumen, Vox es un partido constitucional cuyas propuestas políticas pueden parecernos a muchos poco beneficiosas para España aunque ni mucho menos se proponga destruir la igualdad y la libertad cívica de los ciudadanos como los partidos nacionalistas a los que Pedro Sánchez mima y hace peligrosas concesiones para conseguir su apoyo parlamentario. Ni por el número de sus votantes ni por el entusiasmo que despierta en la población supone algo parecido a un cambio de régimen en la democracia, como en cambio se propusieron explícitamente los comunistas de Podemos cuando irrumpieron en la palestra política. Que Vox proponga derogar o modificar algunas de las leyes promulgadas en la era Sánchez y vigilar el sectarismo educativo convertido en casi obligatorio nos parece no solo oportuno sino exigible a la mayoría de los españoles que votamos contra la izquierda en mayo y en julio. Por lo que vemos en Europa, el populismo derechista comete errores más por populista que por derechista, como demuestra Giorgia Meloni, que se había ganado bastante buena reputación en su mandato hasta que trató de imponer un impuesto confiscatorio a los beneficios de la banca, uno de esos planes geniales que oímos un día sí y otro no a comunistas como Pablo Iglesias o Yolanda Díaz.

Desde luego, la batalla contra la ultraderecha en España como prioridad política y la indispensable demonización mediática de Vox han encontrado su debido eco en la prensa extranjera, lo que demuestra que la imbecilidad política —como antes se dijo del proletariado— no tiene patria. La escritora de origen cubano Zoé Valdés se presentó en las elecciones de julio como senadora por Vox (yo te voté sin dudar, Zoé) y concedió una entrevista al diario francés *Le Monde* (a petición de este) para intentar disipar algunos de los muchos bulos fantasmales que corren sobre su partido. Como era de temer, la entrevista fue manipulada y aprovechada para ridiculizar a la candidata, según denunció esta en la revista *Causeur*. Así funcionan los informadores «progresistas» en los países de la Europa occidental. Antes de las elecciones, hay que sacar a los monstruos feroces que atacan las murallas de la democracia para motivar a los electores más ingenuos: esa mayoría borreguil que no se da cuenta de que el peligro está en la secta de magos que supuestamente nos protege de los ultras.

El Partido Popular ganó finalmente las elecciones y Vox, pese a la desaforada campaña mediática contra ellos y pese a sus antipáticos desplantes que parecían parte de ella, obtuvo tres millones de votos. No lo suficiente para que Feijóo fuese investido presidente mientras que Sánchez, derrotado por escaso margen, cuenta *a priori* con los votos de todos los separatistas y ultras de la izquierda (que los hay, desde luego) para sustentar su candidatura, a la que se ha bautizado —injustamente para la criatura de Mary B. Shelley— como Frankenstein. Tendrá que pagarles en concesiones aún más debilitadoras de las instituciones estatales y más letales para la nación común. Por lo pronto, ya tenemos a Francina Armengol, uno de los personajes más impresentables de la vida pública española, elevada a la presidencia del Congreso, es decir, el tercer cargo de la jerarquía del Estado. Y no hemos hecho más que empezar esta segunda etapa del sanchismo, ahora reforzado. Parece que aquellos cuatro millones de bobos políticos a los que denuncié hace años por su respaldo a Podemos se han multiplicado ahora y perdonan todos los atropellos de Sánchez (que habrían bastado para incendiar el país si hubiesen sido cometidos por un gobernante de derechas) con tal de no parecer de derechas, aunque no sepan muy precisamente en qué consiste tan infame aberración. Y yo intento consolarme, triste consuelo, con el aforismo de Ramón Eder: «En la vida es mejor perder sabiendo perder que ganar no sabiendo ganar».

Capítulo 5

> Los últimos años de una vida son muy importantes, como las últimas páginas de una novela.
>
> Ramón Eder

Este verano de 2023 (todo el verano escribiendo, a veces con afán y casi siempre con desgana, pero con un apremio constante porque el tiempo se acaba) han pasado, están pasando cosas mayores y menores, de todos los tamaños. Ahora llega el momento de hablar de este verano, precisamente de este, irrepetible y trivial. Para empezar, en pleno agosto leí mi esquela, una oportunidad no al alcance de todos. Apareció en internet, con el aspecto de un comunicado de mi editorial: «Última hora. Fallece el filósofo y escritor Fernando Savater a los 76 años». Lo primero que me vino a la cabeza, siempre la manía de las citas, fue el desmentido que Mark Twain envió a un periódico en ocasión semejante: «Puedo asegurarles que esa noticia es altamente exagerada». Después noté una tímida bocanada de júbilo: ¡también las *fake news* pueden darnos alegrías! No sé muy bien por qué alguien obtiene regocijo con ese pequeño y maligno fraude, supongo que es algo parecido al placer que siente quien le clava agujas a un muñeco de cera que representa a su enemigo. Por supuesto, el así agredido se queda tan campante (lo siento, no creo en brujerías salvo las literarias) y si se entera del manejo en su contra probablemente hasta mejore de humor. Quizá algún pariente o amigo del interesado se lleve un momentáneo disgusto al creer que ha muerto, pero desde luego uno mismo no se equivoca al respecto y después de un pequeño y desconcertado sobresalto siente un gran alivio, como cuando soñamos nuestra muerte y luego despertamos. Si alguien quiere darnos un verdadero disgusto debe difundir una buena noticia falsa a nuestro respecto, como que nos han concedido el premio Cervantes o nos ha tocado el premio gordo de la lotería. Eso sí podemos creerlo por un instante y esa mínima decepción basta para amargarnos fugazmente. En el fondo, creemos que la muerte no es compatible con nosotros (Freud lo explica bastante bien), pero en cambio los honores y riquezas no solo se nos ajustan como hechos a la medida, sino que nos son debidos...

Un místico muy elocuente del siglo XVIII, Emanuel Swedenborg, contra el que escribió el sereno Kant una inusualmente violenta diatriba y que fue reivindicado por Jorge Luis Borges, tiene entre sus copiosas páginas algunas muy notables dedicadas a la muerte y lo que viene luego. Supone que quienes morimos en pecado (todos salvo la Virgen María y pare usted de contar) no nos daremos cuenta de que hemos muerto. Quizá leamos la noticia de nuestra muerte con la misma sonrisa escéptica con que yo leí mi esquela. Por lo demás, seguiremos con la rutina normal de la vida, dedicados al trabajo o al vicio, en nuestra casa y nuestro barrio de siempre. Pero al poco tiempo (no sé si cuadra hablar del tiempo en esta circunstancia), echaremos en falta algún mueble de nuestro dormitorio, un libro que nos apetecía leer o el ordenador en que escribimos habitualmente. Dejaremos de encontrar periódicos con novedades. Después, serán personas a las que ya no volveremos a ver, lugares o paisajes familiares que se habrán borrado. Así descubriremos finalmente que el mundo nos va abandonando porque ya no pertenecemos a él. Y llegaremos a lo desconocido. Esta muerte progresiva de Swedenborg se parece bastante, y resulta lógico, a los efectos del paso del tiempo en nuestras vidas: las calles de nuestra infancia y juventud van cambiando, los locales conocidos se transforman en negocios inéditos, amigos y enemigos abandonan nuestras vidas para nunca volver, incluso los recuerdos de lo que fuimos o hicimos se desvanecen. Antes de que dejemos el mundo, es este el que gradualmente nos abandona, aunque no por haber muerto ya —como sostuvo Swedenborg— sino por acercarnos irremisiblemente al morir.

Recorté la falsa esquela de mi fallecimiento, reproducida por más de un periódico. Iba ilustrada por una fotografía mía bien escogida, la que yo mismo hubiera preferido para ese trance. Releí varias veces el breve texto —«Ha fallecido Fernando Savater»— y pensé que ahora era falso, pero no lo sería por mucho tiempo. Al comienzo de su fascinante aunque oscura *Fenomenología del espíritu*, Hegel propone un ejercicio para comprender la naturaleza mudable de la verdad. Escribamos en un trozo de papel un enunciado que nos parezca incontrovertiblemente verdadero: por ejemplo: «Ahora es de día». Nuestra certeza en la verdad de ese aserto es total, pero pocas horas después volvemos a leer el papel comprometedor y ya expresa una falsedad, de la que estamos tan seguros como antes lo estuvimos de lo contrario. El tiempo arrastra lo que parece mejor fundado y revierte lo que dimos por irrevocable. Hoy considero falsa de toda falsedad la noticia de mi muerte, pero guardo este recorte de papel que el paso de los días transformará en verdad: si tan pronto ha de cambiar, ¿no debería darla por verdadera desde ya mismo? Y tú, estimado lector, que ya sabes si la esquela sigue siendo falsa o se ha verificado, ahora que lees estas líneas con interés o desapego sin duda sabes que estás vivo porque leer es prueba de vida suficiente. Pero no te debes confiar demasiado porque dentro de un rato cerrarás este libro y así quedará de nuevo pendiente el reto de la existencia hasta que tú mismo o cualquier otro vuelva a leerlo. Yo desde luego ya no estaré ahí para comprobarlo...

Este verano de 2023 también ha traído esquelas verdaderas, desde luego, no solo bromas sin gracia de los descerebrados que piafan por internet. Una de las que más me han afectado ha sido la de Federico Martín Bahamontes, fallecido a los noventa y cinco años. Reconozco que nunca he sabido montar en bicicleta, otra más de mis incapacidades casi extravagantes. Podría poner como excusa la gran diferencia de graduación entre mis ojos, que nunca ha permitido que las gafas resuelvan totalmente mi miopía y que afecta mi sentido del equilibrio. Pero creo que en el fondo se trata de otra prueba más de mi inutilidad para los ejercicios físicos. No me entiendo bien con mi envoltorio carnal y sus obligaciones. Lo que dijo la aguda Madame du Deffand del sabio pero desastroso D'Alambert —«Es como un alma que se hubiera encontrado casualmente con un cuerpo y se las arreglaba como podía»— se me puede aplicar a mí perfectamente. Mis tres hermanos menores aprendieron muy pronto, como niños normales, a montar en bici y disfrutaron con sus dos ruedas todo lo que corresponde a ese dicen que sano ejercicio. Yo los envidiaba y probé unas cuantas veces a imitarlos, porque todo solíamos hacerlo los cuatro juntos. Pero todos mis esfuerzos, desde luego nada entusiastas, resultaban baldíos: era incapaz de sostenerme, me dejaba llevar un momento por mi padre o mi madre, pero en cuanto me soltaban me caía, exageraba mi defecto visual hasta parecer tuerto o directamente ciego, ya que estamos... Tenía decidido *in pectore* que del triciclo no pasaba y en ello me mantuve, aunque de vez en cuando, por cumplir, hacía aspavientos infructuosos hacia las dos ruedas. Pero ello no impidió que el ciclismo fuera mi deporte preferido como espectador después de las carreras de caballos, incluso tanto como ellas durante mi adolescencia (bueno, ahora que lo pienso tampoco he montado nunca a caballo, salvo de muy pequeño en los minúsculos ponis del Parque de Atracciones de Igueldo). Yo seguía devotamente por la prensa y la radio (las imágenes imborrables de la televisión no llegaron hasta que nos mudamos a Madrid) los incidentes y las gestas heroicas de la Vuelta a España, el Giro de Italia y, sobre todo, el Tour de Francia. Años después, leí las glosas sobre la épica del Tour que escribió Roland Barthes en uno de sus momentos más inspirados. Y recuerdo cómo íbamos toda la familia, los cuatro hermanos con los padres, a ver pasar la Vuelta por el alto del Jaizkíbel: allí al menos por dos veces vi pasar destacado en cabeza al campeón portugués, Alves Barbosa.

¡Tantos nombres inmortales que ya solo recordamos yo y cuatro más, tantas gestas que repetíamos con nuestros ciclistas miniatura de plástico por las rutas en la arena de la Concha o en la tierra de Alderdi Eder! Y el más grande de nuestros campeones fue Bahamontes, que llegó para demostrarnos que nosotros también podíamos tener invencibles como Coppi, Louison Bobet o Anquetil, no simples modestos ganadores de etapa. Sí, lo reconozco sin rodeos ni sonrojos, siempre he disfrutado con los campeones españoles por ser campeones y por ser españoles. Al niño que no sabía montar en bici Bahamontes lo hizo sentir Rey de la Montaña, al chaval que nunca supo lo que era empuñar una raqueta Manolo Santana le permitió derrotar al mejor jugador australiano y estar a punto de conquistar la ensaladera Davis y aunque nunca he esquiado siempre he viajado como invitado invisible tras Paquito Fernández Ochoa. No creo que las admiraciones deportivas embrutezcan a los niños más que los oficios religiosos y me río de los «borriquitos con chándal» de Ferlosio, que tenía el talento de escribir de modo sublime sobre cosas de las que no tenía ni repajolera idea. Adiós al Águila de Toledo, frecuentador solitario de cumbres, que elevó mi infancia hasta las nubes y me permitió saber que mis compatriotas no eran inferiores a los mejores de cualquier otro país... al menos en ciclismo.

Pero quizá la muerte más dolorosa para mí de este verano no fue de una persona sino la de una tienda. Ya sabíamos que la librería Lagun se mantenía cada vez con más dificultades: por una parte, ese tipo de negocios resiste mal la competencia de la venta *online* y las grandes superficies; por otra, en el caso concreto de Lagun, la muerte de Ramón Recalde y María Teresa Castells la habían dejado un poco huérfana, orfandad que la retirada definitiva de su factótum Ignacio Latierro remató sin remedio. Lagun no estaba ligada al negocio sino a ciertas personas que encarnaban una forma de entender la cultura, la libertad y la relación con los lectores. No era un establecimiento con piloto automático o anónimo, sino un lugar con alma bien definida que no podía sobrevivir a su desvanecimiento. ¡Cuánto aportó Lagun desde su inauguración en 1968 —fecha carismática y significativa— hasta sus últimos días! Fue un fortín y una fábrica, un reducto donde se resistía contra el vacío mental de *txistu* y tamboril que nos cayó encima como una *txapela* de plomo desde que se instauró la hegemonía nacionalista tras la muerte de Franco. Algunos que habíamos tenido la suerte de aprender francés desde pequeños pudimos buscar pasto intelectual en las librerías de Biarritz (como la de mi insustituible Michel Barberousse) o incluso París, pero otros dependían de los libreros locales sometidos a la censura del régimen (que caía especialmente sobre las ediciones hispanoamericanas) o a las limitaciones de su propia formación. En tal situación, Lagun y sus gestores, que podían conseguir bajo cuerda obras prohibidas por todo tipo de caprichosas razones (yo leí mis primeros libros de Borges en francés porque durante largo tiempo la editorial Sur estuvo vetada en nuestro país por alguna razón aduanera). Pero sobre todo Lagun fue un centro de resistencia contra el autoritarismo de un Gobierno que, aunque ahora parezca difícil creerlo, temía la fuerza subversiva de los libros. Yo creo que fueron los censores del franquismo los últimos que se tomaron en serio la cultura en nuestro país. Sobre todo los curas, pues a fin de cuentas su fe proviene de una de las tres religiones del libro, como la judaica y la musulmana. En mi adolescencia alcanzaron cierta equívoca popularidad entre los mozos impíos pero lectores (una rara especie ya desaparecida) los libros del padre Ladrón de Guevara, cuyas *Lecturas malas y buenas* (así titulado porque «hay más malas que buenas») y las del padre Garmendia de Otaola, actualizadas todos los años con suplementos de novedades pecaminosas, eran un manantial inagotable de humorismo involuntario. En sus nombres rigurosamente clasificados por orden alfabético se encontraban maravillas como «Galdós: búsquese en Pérez cuán malo es este autor» o «Baroja, Pío (aunque debía llamarse impío más bien)». Fustigaban todas las obras publicadas sin desdeñar ninguna por pequeña que fuese: en una ocasión el grupo de guasones adolescentes que nos divertíamos con esos censores buscamos un librito que tenía mi hermana menor titulado *Piki, el pingüino*, creyendo que ese al menos habría escapado a los inquisidores; pues no, allí estaba, con su severo comentario: «Para adultos formados. Gran crudeza en el diálogo entre los pingüinos». A mí personalmente esos torquemadas de guardarropía me vinieron muy bien, porque gracias a ellos descubrí a autores como André Gide, Alberto Moravia o Voltaire, con los cuales amplié mi biblioteca y mis terrenos de caza literarios.

Pero Lagun no fue solamente un sitio donde conseguir libros, sino también un centro donde encontrar compañía. Yo creo que hoy pocas personas de cuarenta años para abajo saben lo que es sentirse intelectualmente aislado, sin nadie o muy pocos con quienes poder intercambiar ideas sin miedo a represalias. Durante los años iniciales del franquismo, cualquier «desafecto al régimen» que se expresara abiertamente corría peligro de perder su empleo y acabar en la cárcel: una simple denuncia anónima de un envidioso podía traerle a uno las peores consecuencias. Quizá lo más parecido a esta situación es lo que han conocido durante muchos años las personas homosexuales que procuraban ocultar o al menos disimular sus afectos para evitar consecuencias indeseables. Encontrar un lugar culto y civilizado donde uno podía expresarse con razonable libertad, bromear sabiendo que el ambiente era cómplice y hablar de libros cuya simple mención ya era peligrosa constituía un alivio moral y social que quienes han tenido la suerte de no necesitarlo apenas imaginan. Lagun ofreció ese remanso de libertad para muchos donostiarras... y foráneos. Quizá hoy quienes puedan hacerse mejor idea —pálida idea— de tal alivio son la gente de derechas que en pocos sitios públicos puede explayarse sin complejos: ¿quién puede atreverse a deplorar públicamente los disparates cataclísmicos de los neuróticos de la naturaleza o los indudables efectos indeseables sociales y culturales de la inmigración incontrolada? Tanto han cambiado las cosas... aunque los perseguidores de herejes y relapsos se parecen mucho, sean de izquierdas o derechas.

Pero lo peor vino luego. Dice mi amigo polaco Adam Michnick que «lo peor del comunismo es lo que viene después». Bueno, pues con el fascismo —o el autoritarismo franquista, porque ni siquiera llegó a fascismo— ha pasado en algunos aspectos lo mismo. Concretamente en aquellas partes de España, como Euskadi o Cataluña, en la que las personas de ideas progresistas en el sentido liberal del término (el otro no me interesa) cayeron de la sartén franquista al fuego nacionalista, o peor, separatista. En el País Vasco padecíamos ya a unos salvapatrias asesinos que habían decidido combatir la dictadura adoptando lo peor de sus métodos, pero con un toque *amateur*. En los primeros años, ETA centró sus ataques en los uniformados, fuesen cuerpos de seguridad o militares. Sabían que al final de la dictadura no contaban con demasiadas simpatías entre la población, que en su cobarde ignorancia —aunque parezca increíble algunos siguen todavía en ella— se empeñaba en verlos como esbirros totalitarios y no como guardianes de la recién estrenada democracia. Además, en el País Vasco, alimentaban así el mito de la ocupación militar, patética falsedad en cuya difusión colaboraban personas aún tenidas por progresistas. ¡Pensar que esos mismos mastuerzos claman hoy sin cesar contra las *fake news* de Trump! Pero después de los uniformados vinimos los de paisano y empezaron a caer periodistas, profesores de universidad, empresarios y políticos de partidos constitucionalistas, es decir, no nacionalistas: todas las clases, todos los gremios... menos los curas. Los etarras tenían poca moral, pero mucha memoria y sabían de dónde venían... y sobre todo a dónde nos llevaban.

Las conversaciones rebeldes contra el régimen de nacionalismo obligatorio en el que vivíamos —perdón: vivimos— debían hacerse entonces de modo cada vez más clandestino para no incurrir en castigos peores que los de la dictadura. Los valientes que se atrevían a optar por hacer política democrática en ayuntamientos, diputaciones o en el Parlamento vasco corrían constantemente más peligro que en los peores años de la dictadura. A mí Franco me encarceló, pero nunca supuse que me amenazaba de muerte, lo que en cambio ocurrió de modo muy claro durante los años de plomo del reino criminal etarra, cuando mi actividad subversiva se limitaba a dar clases en Zorroaga y escribir en los periódicos. Quien no ha tenido la oportunidad de escuchar por la televisión de una bulliciosa taberna de Euskadi la noticia de un asesinato etarra, el súbito silencio en el local, las miradas asustadas o cómplices que se cruzaban, los que bajaban la cabeza y se concentraban en el vino que estaban tomando...: ese no puede saber lo que es vivir bajo el yugo humillante e infecto del terror político. En el País Vasco lo padecimos primero en la dictadura franquista que compartimos con el resto de los españoles y después durante el despotismo etarra que no ahorraba en sentencias de muerte. Tanto en uno como en otro caso hubo verdugos brutales, pero también esa red de cómplices bien educados, chivatos y correveidiles que pudrían el día a día de los ciudadanos con su vigilancia abyecta. Por cierto, hoy, después de la «cancelación» de ETA, son los que gozan mejores posiciones en el «nuevo tiempo» que vivimos. Con ellos pactan ahora los socialistas de Sánchez la gobernabilidad del país. Pues bien, lo mismo que durante el franquismo podía encontrarse en Lagun un remanso de cordialidad progresista y complicidad en la cultura, también mientras duró el obtuso terror sanguinario de los terroristas etarras tuvimos santuario en esa librería cuya sola existencia mantenía abierta la esperanza. Con esto que les cuento entenderán un poco mejor lo que sentimos muchos, sobre todo los de cierta edad, cuando vimos cerrarse definitivamente ese fortín tan asediado y tan reacio a arriar la bandera de la libertad.

Este verano lo he pasado dedicado por las tardes a la lectura y escritura —estas páginas sobre la vida que se fue y la que se está acabando ahora mismo— y por las mañanas a nadar en la Concha. Nadar ha sido el único ejercicio físico en que he reconocido el premio del placer (otros actos placenteros en los que están ustedes pensando trascienden la calificación algo gimnástica de «ejercicios»). Me refiero a nadar en el mar, desde luego, porque es la enormidad del mar, la *exageración* del mar, lo que eleva estéticamente el chapoteo a desafío sublime. Yo siempre he sido un nadador muy mediocre, no me hago ilusiones, pero sin embargo nunca he dejado de ser consciente de que entrar en el mar es meterse en un ámbito sagrado. El mar es otra morada en la que podemos transfigurarnos o perecer. Recuerdo como una experiencia imborrable, de las que marcan un antes y un después, cuando vi la primera película de submarinismo, creo que históricamente pionera: *El mundo del silencio* del comandante Cousteau. Fue una revelación, la primera ojeada a una nueva realidad de la que ya nunca podría salir del todo. Muchas noches, tras apagar la luz, vuelvo con la imaginación a ese mundo silencioso y a sus extraños habitantes. Después del film de Cousteau, otro héroe inmaculado de mi adolescencia, que con los avanzados patrones actuales era bastante rudimentario, he disfrutado de miles de películas y relatos marineros. Las primeras novelas de las que me enamoré (y siguen siendo mis preferidas) tienen todas escenarios oceánicos: *La isla del tesoro, Moby Dick, Veinte mil leguas de viaje submarino, La línea de sombra*... Leer cientos de páginas que transcurren en salones, como las que escribió Proust, puede tener gran mérito intelectual pero sinceramente no es para mí. En cambio, a Conrad le perdono cualquier traspié con tal de que me embarque.

Para escándalo de buenos amigos que se preocupan por mi infantilismo como espectador, si en cualquier película aparecen ballenas, tiburones o pulpos gigantes ya me ha conquistado como público. La icónica película de Spielberg la tengo que ver una o dos veces al año: no es que me guste, es que me iría a vivir en ella. Admito que la generalización del gusto por los grandes escualos —¡la «semana del tiburón»!— ha multiplicado los adefesios cinematográficos, pero a mí nunca me oirán quejarme por eso: hasta las peores tienen algo rescatable... ¡para mí! Ocurre como con la tortilla de patatas: la buena nos lleva a las puertas del cielo, pero también las peores en bocadillo quitan el hambre... A mi edad, puede que ya nunca tenga ocasión de ver de cerca y en pleno mar un gran monstruo de las profundidades. Pero que conste que me lo merezco más que nadie porque lo he buscado desde pequeño. Antes de conocer la súplica de Rilke por que cada cual alcance la muerte que le corresponde (por cierto, la suya fue el envenenamiento causado por la espina de una rosa, no se puede quejar), yo había elegido acabar como Ahab, en pie en la proa de mi chalupa, arpón en ristre y clamando el himno desesperado: «¡Hacia ti avanzo, cachalote destructor e inconquistable! Desde el fondo del infierno te apuñalo...». Bueno, quizá tendré que conformarme con algo más sencillito. Para empezar, este verano (ni ningún otro, que yo recuerde) no hemos visto cachalotes ni tiburones por la Concha, aunque una pequeña tintorera se paseó por el puerto donostiarra. Los «monstruos» marinos que nos han atosigado más han sido las llamadas carabelas portuguesas, una especie de falsas medusas muy urticantes que no suelen prodigarse mucho por nuestras aguas. Cada una de las carabelas no es un bicho individual sino una agrupación de pequeñas criaturas íntimamente asociadas que comparten una tenue vela por las que el viento las empuja hacia donde quiere (por lo visto, a ellas les da igual). Lo malo es que también comparten uno finos tentáculos que a veces alcanzan los veinte metros de longitud y que son los que transmiten el veneno a sus víctimas. Pueden causar lesiones de cierta importancia a las personas más sensibles, sobre todo si padecen alergia a esas toxinas. Por cierto, estos incómodos animaluchos arrejuntados representan mucho mejor a los golfos apandadores del Gobierno sanchista que la doliente criatura del doctor Frankenstein. Total, vuelvo a la Concha, donde hubo casos de picaduras bastante escandalosos y la playa estuvo cerrada al baño algunas mañanas y algunas tardes en que las dichosas navecillas (que por otro lado son muy bonitas a la vista) arreciaron su indeseada presencia.

Yo me he bañado todos los días larga y felizmente sin ser inquietado por ninguno de esos invertebrados, pero involuntariamente contribuí a sembrar cierto temor entre mis bañistas más queridos. K se vino a pasar unos días a Donosti a mediados de agosto y con ella llegaron sus dos hijos adolescentes, S (de quince años) y O (de trece). Son dos chicos de lo más encantador y yo no podría quererlos más si fuesen carnalmente hijos míos. Me tengo por un exilado perpetuo del final de la niñez y tratarlos me acerca al aroma de mi verdadera patria. Como lo que más amo de mi ciudad es su mágica bahía, estaba deseando meterme en el mar con ellos, yo un pesado manatí con dos jóvenes delfines. Pero en cuanto llegaron cometí el error de contarles con todo tipo de detalles truculentos, unos más veraces que otros, el caso de las carabelas homicidas. No puedo remediarlo, el primer molde de mi imaginación fue Edgar Allan Poe y mi ideal como narrador de cuentos es Vincent Price. Por otro lado, cuando yo estaba en mi primera adolescencia bastaba que me hablaran del espanto de una cueva o del kraken que habitaba un roquedal para que corriese hacia allí como atraído por un imán. En mi calenturienta imaginación yo creía en todos los dragones, pero también en mi arrebatada capacidad de vencerlos. Pero lo que no sabía es que los chicos de hoy son más prácticos y prudentes de lo que yo era a su edad. Al día siguiente de mis estremecedores relatos marinos, cuando llegó la hora de correr al agua, los noté bastante renuentes al chapuzón. Los animé cuanto pude, sin mayor éxito: solo su madre se vino conmigo a las profundidades para darme gusto y no dejarme demasiado decepcionado, pero en cuanto pudo se volvió rauda a la orilla «para tomar el sol», que francamente no era lo que más brillaba en esa nublada mañanita cantábrica. O sea que finalmente acabé recorriendo las boyas en solitario, como todos los días y maldiciendo en mi interior la tendencia que tengo a poner como música de fondo a cualquier historia *La cabalgata de las valkirias* o *Una noche en el monte pelado...* ¡Os odio, carabelas!

Sin duda, S y O son dos regalos de la vida. Conocerlos y tratarlos ha sido tan hermoso a su modo como las alegrías menos inocentes que me ha brindado la intimidad de su madre (a la que adoran, justificadamente). No hace falta decir que no pierdo ocasión de intentar descubrir puntos de encuentro con ellos y modos lúdicos que los acerquen a mí. Claro que los adolescentes actuales viven en un mundo que apenas conozco. Ya noté esa dificultad cuando estaba escribiendo *Ética para Amador*, a pesar de que convivía con el adolescente que más me interesaba y tenía con él una familiaridad difícil de conseguir con ningún otro. Lo que más me preocupaba como escritor era acertar con el lenguaje adecuado para dirigirme a él. De inmediato renuncié a utilizar lo poco que sabía de la jerga adolescente, primero porque en mí iba a sonar atrozmente falsa y segundo porque cambia tan rápidamente que sería difícil mantenerme en ella desde el principio hasta el final del libro. De modo que opté por un lenguaje sencillo y claro (que es por otra parte en el que escribo siempre), pero sin concesiones a lo que se oye —o creo que se oye— en el patio del recreo. Cuando llevaba escrito más de medio libro le pasé unos capítulos al propio Amador y a mi sobrino Carlos, que tenían por entonces más o menos la edad de los destinatarios del libro. No les pedí su opinión sobre los argumentos y problemas planteados en esas páginas (aunque habrían sido muy capaces de hacer observaciones válidas, porque eran dos chicos muy inteligentes), sino solo si encontraban alguna dificultad en el lenguaje empleado. Cuando vinieron a rendirme cuentas, se miraban entre risitas y guiños de complicidad. Pregunté qué pasaba, un poco molesto, y al final me dijeron: «Es que pones unas palabras...». ¡Caramba, qué palabras! Ni que decir tiene que no creía haber utilizado ningún término técnico de filosofía. Por fin me revelaron lo que tanta gracia les hacía: «Es que dices "birria"...». De modo que sin yo saberlo una palabra de lo más corriente y menos rebuscado se había convertido en una voz extravagante del pasado: ahora se decía «chungo» o algo así, en cualquier caso «birria» era una provocación humorística. Después de un par de hondos suspiros, decidí renunciar a mis dos consejeros y arreglármelas como pudiera. Esta anécdota tiene ya más de veinticinco años. Muchas cosas y formas de vida me distanciaban de los dos chavales de quince años a quienes intenté utilizar como consejeros de mi libro, pero aún había muchos terrenos en que podíamos establecer complicidades. Teníamos el cine (entonces las series aún no lo habían invadido todo), algunos tebeos para *young adults* y sobre todo las novelas. Tanto mi hijo como mi sobrino leían mucho, probablemente porque ambos se criaron en casas llenas de libros... y de ávidos lectores. Siempre vieron a su alrededor gente que no leía principalmente para aprender sino para disfrutar, para pasarlo bien. Se aficionaron no por esfuerzo pedagógico sino por contagio lúdico. A mí me pasó lo mismo y a su edad no hacía más que leer: no concebía nada más divertido que una tarde dedicada a una novela de Tarzán o de Salgari. Ellos se dedicaban a Stephen King o Tolkien y alternaban los libros con los telefilmes o los videojuegos, pero por suerte yo no había perdido la afición a esos entretenimientos populares, de modo que compartíamos descubrimientos y momentos de emoción. La dificultad de encuentro ahora con S y O se debe sobre todo a que la pantalla del móvil los absorbe y les brinda regocijos de corte nipón (o sea, de corte de *mangas*) que yo ya no comprendo. Lo peor es que los libros no forman parte de su menú de placeres. Leer es una actividad que no necesitan, que les resulta ajena y algo anticuada, como jugar al trompo o coleccionar chapas. ¿De qué puedo entonces hablar con ellos, si de fútbol —que les apasiona— no sé nada y me quedé en *El Señor de los Anillos*, pero nunca he visto *Juego de tronos*?

Bien pensado, mi pasión por la lectura tiene poco mérito. No pude ver la televisión hasta que tuve más de doce años, cuando la familia nos trasladamos a Madrid (a San Sebastián todavía no había llegado ese gran invento). Al cine íbamos en ocasiones especiales, cumpleaños y otras fiestas de guardar, aunque a veces poníamos cortometrajes mudos en casa, proyectados sobre una sábana temblorosa con un aparato casi de juguete. Como ya he dicho, el fútbol no me gustaba ni me gusta (creo que la cosa que más he odiado en mi vida han sido los grandes y pesados balones de cuero, por lo general cubiertos de barro, con los que jugaban mis compañeros en el recreo y que llegaban desde cualquier parte como misiles destructores cuando yo estaba en un rincón del patio charlando tranquilamente con un par de amigos tan poco chutadores como yo. Por grande que sea el espacio de juego, nadie está seguro cuando hay un pelotón sediento de traumatismos rodando por las cercanías: siempre busca víctimas descuidadas para amargarles el día). De modo que me refugiaba en las carreras de caballos, deporte muy de mi gusto porque el esfuerzo lo hacen los caballos, y desde luego en los tebeos y en los libros. Pero si yo tuviera doce o trece años hoy (el único paraíso que podría apetecerme y que ya está irremisiblemente perdido) es muy probable que me hubiera dedicado a los videojuegos y por tanto mirase los libros con la misma extrañeza arqueológica que veo en los ojos de S y O ante mi venerada biblioteca. Seguramente no habría sido más feliz, porque es imposible mejorar mi insuperable infancia, pero tampoco creo que debería forzosamente haberlo sido menos. No supongo la imaginación sin libros ni tebeos porque la mía creció, se formó y se nutrió de ellos: no solo ayer sino también hoy. Pero con un poco de esfuerzo imaginativo veo dentro de treinta o cuarenta años a alguien martirizado por la nostalgia de pasatiempos de internet ligados a los momentos más felices de su vida. Allí estarán mis queridos chicos, S y O, echando de menos formas fantásticas que yo ni siquiera habré llegado a conocer. Lo único que siento es no haber podido descubrirles los milagros de emoción que yo conocí y cuya revelación me habría unido más con ellos: Winnetou galopando con el pelo al viento por el Llano Estacado, Tarzán vigilando a la leona Sabor desde una rama alta, el día que Shanti Andia partió hacia lo remoto, el primer casto beso del capitán Trueno a Sigrid, la voz vibrante como un clarín de Sherlock Holmes diciendo: «¡Vamos, Watson, la aventura comienza!».

Lo primero que hago al pisar la arena de la Concha es buscar mi rincón habitual, pegado a la rampa que baja de los Relojes, para dejar mi camiseta, las sandalias y la toalla cubriéndolo todo en un aseado montoncito. Después atravieso la franja de arena que me separa del mar. Como no llevo gafas no puedo disfrutar plenamente de las vistas, pero a despecho de la miopía capto imágenes sugestivas que me alegran el trayecto: unos pechos rotundos o respingones ofrecidos voluntariosamente al incierto sol entre nubes propio de mi bendita tierra, las semiesferas casi comestibles de un glorioso trasero propuestas a la admiración del interesado por la gracia del generoso tanga, el invento indumentario del que más celebro haber sido contemporáneo. Sin el cosquilleo de la excitación erótica, por leve que sea, todos los paisajes resultan enseguida aburridos. Solo el deseo alivia la monotonía del mundo, cuyas reiteradas maravillas vegetales, fluviales y geológicas emocionan convencionalmente a los turistas y fastidian hasta el bostezo a quienes no están aquí como de paso. Un cuerpo bonito de mujer (¡y el rostro, no olvidemos el rostro!) o de un muchachote bien plantado despiertan en el alma respetablemente concupiscente el grato escalofrío de la vida; en cambio una catarata o una puesta de sol son jolgorio solo para panolis. Cuando llego a la orilla, los primeros pasos en la frescura azogada del agua tobillera me traen pulsaciones de la remota y siempre presente infancia. Con mis tres hermanos, a cual más pequeñajo, yo mismo con cinco o seis años, metiéndonos inseguros pero intrépidos en donde mueren las olas y volviendo a cada rato la cabeza para mirar a mi madre, que con la falda remangada nos sonríe desde la arena: «¡Mírame, mamá!».

Antes mis días preferidos eran los que traían olas: disfrutaba dejándome envolver por su fuerza y propulsar hasta la arena, donde acababa encallando muerto de risa. Me levantaba enseguida y buscaba a mi hermano José para decirle a gritos o con un gesto: «¡Esta era grande, eh!». Ahora ya no soy capaz de jugar con las olas y evito bañarme el día que son grandes. La culpa es de mi artrosis: si una ola me derriba no soy capaz de levantarme y tengo que esperar a que alguien me ayude, a veces una chavala guapa y compasiva a la que me gustaría levantar en brazos yo y llevarla a donde nadie pudiera vernos. Y es que la vejez no solo es una amenaza, sino sobre todo una humillación. Una humillación constante, que no cesa, que no hace más que agravarse. Por eso, los viejos pedimos respeto y agradecemos (algo avergonzados, eso sí) las muestras de deferencia: para aliviar o disimular un poco la permanente humillación de nuestra edad. Superada la barrera peligrosa de las olas, peor al salir del agua que al entrar, me animo a nadar hasta la línea de boyas enhebradas unas en otras que acota la zona de baño en la bahía. Esas boyas, así como los gabarrones (hay una foto de Hemingway, a comienzos del siglo pasado, cuando escribió *Fiesta*, con uno de los gabarrones a su espalda, que podría haber sido tomada ayer), se retiran en las jornadas de regatas. Las traineras (deberían llamarse «chalupas balleneras», que es lo que son) comienzan su carrera náutica a la altura más o menos de donde están habitualmente las boyas, pasan la barra y salen a mar abierto, rodean las ciabogas y regresan al mismo lugar de donde partieron, que es la meta de la competición. Un recorrido que, como todo trayecto que exige esfuerzo y reto, es una metáfora externa de la vida. Por eso los antiguos donostiarras, cuando nos preguntan nuestra edad, decimos con una sonrisita agobiada: «Yo estoy ya volviendo a la Concha», «Ese ya regresa a la Concha». Sé muy bien que ya estoy llegando a la Concha, después de la dura batalla contra las olas y los adversarios. Hemos tenido mala mar, pero ya vemos cerca la arena. Lo dice la sabiduría del corrido: «No hay que llegar primero, pero hay que saber llegar». Que estoy a punto de llegar es evidente y desde luego muy lejos del primer puesto, pero... ¿sabré llegar? ¿No es demasiado presuntuoso o improbable creer que sé llegar?

Entre tantos recuerdos dolorosos de los últimos meses de Pelo Cohete, cuya inevitable rumia me lacera día tras día, quizá el más punzante sea este. Estábamos una noche en el hospital Clínico de Madrid, una noche interminable y lúgubre como todas las que pasamos allí, ambos en silencio, mirando desganadamente la pantalla de la televisión con el sonido muy bajo por la que pasaban imágenes en bucle que ya habíamos visto una y otra vez. Apareció una playa y unas figuras en bañador que retozaban en la orilla, entrando y saliendo del mar. De pronto ella dijo en voz alta, en un tono sobrio pero por eso aún más desgarrador: «¡Ya no volveré a nadar!». Algo se me clavó para siempre en el alma y sé que todas las jodiendas de que goce, todas las borracheras que coja, todas las páginas exquisitas que lea no me lo podrán sacar. Miro al impecable y recurrente mar, en la jornada azul: ahora la veo, fuerte y estilizada, con sus gafas de buceo, dando brazadas enérgicas y simétricas, como ella misma fue. Y no, lo que siento en la boca no es el amargor del agua salina, sino algo más amargo aún que viene de otro océano. En el verano del año 2000 pasamos nuestra primera temporada en Mallorca, al norte, en Capdepera. Al meternos el primer día juntos en el agua cristalina, para mi gusto demasiado cálida, dije alegremente: «¡Besito dos mil!», y nos dimos un beso rápido y mojado. A partir de ese día fue la forma de comenzar todos nuestros baños. Soy maniático de los rituales, de modo que impuse ese ósculo inicial año tras año y donde fuese que nadásemos juntos: «Besito dos mil uno, besito dos mil dos, dos mil tres, dos mil diez...». Y también ahora, ya solo, cada vez que doy las primeras brazadas y me adentro en la bahía, alzo la cabeza para decir: «¡Besito dos mil veintitrés, amor mío! ¡Te quiero, allí donde estés!». Y luego nado, nado por ella, que ya no volvió a nadar.

El gran poeta modernista argentino Leopoldo Lugones fue integrista, nacionalista y finalmente algo fascistoide. Alardeaba de ser «el único marido fiel de Buenos Aires» y hasta escribió *El libro fiel* de poemas, dedicado a su esposa. Pero llegó la mediana edad, con su *demon de midi* (lo pongo en francés porque estamos en Argentina), y Lugones conoció a una veinteañera que se acercó a él para pedirle un libro. Ocurrió lo sabido, nada original salvo por la personalidad del ilustre varón: pasión arrebatada, encuentros clandestinos, correspondencia sin recato por parte del poeta (adornaba las cartas con sangre y semen, para darles mayor peso dramático)... Escándalo mayúsculo, toda la buena sociedad porteña se volvió implacable contra él, su propio hijo —que era policía y llegó después a torturador con picana eléctrica— seguía sus pasos y le prohibió continuar el amorío. La chica no tuvo más remedio que renunciar a su exaltado amante aunque ya no volvió a tener pareja en el resto de su vida. Y Leopoldo Lugones se suicidó en un islote del Tigre con una dosis insuficiente de arsénico que lo hizo agonizar largamente. Uno de sus últimos poemas son estas cuartetas:

Calladamente la vida,
calladamente se va.
Calladamente cumplida,
pronto mi hora llegará.
Calladamente la espero
desde que te vi partir.
Calladamente te quiero
y así me voy a morir.

Me las repito con frecuencia y no puedo añadirles nada más.

Despedida

El porvenir no nos aporta nada, no nos da nada; somos nosotros los que para construirlo debemos darle todo, darle nuestra vida misma. Pero para dar hace falta poseer y no poseemos otra vida, otra savia, que los tesoros heredados del pasado y digeridos, asimilados, recreados por nosotros. De todas las necesidades que tiene el alma humana, no hay ninguna más vital que el pasado.

Simone Weil